本项目由
中非（南）职业教育合作联盟执行秘书处组织实施，
常州信息职业技术学院中国—南非产业合作与职业教育研究中心具体执行

中非（南）职业教育合作联盟执行秘书处
中国—南非产业合作与职业教育研究中心

委托项目

南非职业教育
与教育体制研究

VOCATIONAL EDUCATION
AND EDUCATION SYSTEM IN SOUTH AFRICA

刘成富　周海英　主编

社会科学文献出版社
SOCIAL SCIENCES ACADEMIC PRESS (CHINA)

中国—南非产业合作与职业教育
研究中心系列成果
编 委 会

主 任 王钧铭　周 勇

副主任 眭碧霞　赵佩华　李春华

编 委 （以汉语拼音为序）

蔡 源　柴庆友　陈 波　陈 娇　胡汉辉　黄 超

黄 凯　吉 敏　何玉梅　刘成富　刘 霞　柳岸敏

骆建建　涂 琴　王烨青　王鸿凯　许斐然　尹摇芳

杨 会　赵晨辉　周海英　周 萍　周 锦　朱 敏

"南非职业教育与教育体制研究"
课 题 组

主 任 刘成富　周海英

成 员 柴庆友　尹摇芳　王烨青　杨 会

总　序

近年来，随着中非合作深化和"一带一路"建设的推进，中国和南非关系快速发展，两国高层交往密切，战略互信不断提高，务实合作蓬勃发展，两国关系已成为中非关系和新兴市场国家团结合作的典范。

目前，中国是南非最大贸易伙伴，南非是中国在非洲最大贸易伙伴，两国双向投资规模不断扩大。大量中资企业赴南非投资，投资领域涵盖基础设施建设、汽车制造、纺织、电子通信、金融、采矿、制药、农产品加工等众多产业门类。2017年"中国—南非高级别人文交流机制"正式启动，两国在教育、文化、科技、卫生、青年、妇女、旅游、智库等诸多领域开展深入合作，两国关系行稳致远。

常州信息职业技术学院是国家示范性高职院校，入选中国特色高水平高职学校建设单位。学院主动服务国家对外开放大局，积极参与职业教育国际合作和"一带一路"建设，促进中外人文交流。在全国高职院校中，率先与南非在职业教育领域开展了多方面的合作。

2017年2月，作为国内首个试点高校，学院承接南非高等教育和培训部工业和制造业培训署（MerSETA）公派留学生培训项目和职业院校教师培训项目，创设了"实训＋实习"培养模式，形成了"人文＋技能"的项目培养特色。2018年1月，在教育部中外人文交流中心指导下，学院承办"中国—南非职业教育合作·技术技能人才培养磋商会"，会上来自两国的58家单位共同发起成立"中非（南）职业教育合作联盟"。2018年12月，在中国—南非高级别人文交流机制第二次会议上，联盟及其开展的南非学生来华学习实习项目被纳入机制教育领域成果，学院作为全国高职院校唯一代表受邀参加了机制会议。2019年1月，中非（南）职业教育合作联盟中方理事会成立，学院担任常务副理事长单位和中方执行秘书处单位，推动建立跨境职业教育合作新模式，推动南非学生来华学习实习项目在全国二十余所高职院校中实施。2019年12月，学院在南非工业制造业中心艾库鲁莱尼市成立南非首家"鲁班工坊"，这也是全国高职院校中建立的首家"鲁班工坊"。学院努力深化产教融合，汇聚各方资源，探索"政府主导、行业协调、企业主建、院校主教"的海外办学模式。

与此同时，为更好地开展对南非合作，加强对南非历史文化、经济政策、高等教育体系（尤其是高等职业教育体系）和中南人文交流等方面的研究，学院于2018年5月成立"中国—南非产业合作与职业教育研究中心"，中心人员除学院专兼职研究人员外，还有来自东南大学、南京大学、上海大学等高校的专家学者。2019年7月，学院与南非约翰内斯堡大学签订合作协议，中心与约翰内斯堡大学"中国—非洲研究中心"成为正式合作伙伴关系，开启双方在中非联合人才培养、学术研究合作、教师交流互访等方面的合作。

本系列成果既是"中国—南非产业合作与职业教育研究中心"的理论研究成果，也是学院推进"中国特色高水平高职学校建设"的实践成果。本系列成果包括《南非经济、产业及教育概览》《中国南非产教融合式产业合作："一带一路"倡议下的机遇研究》《南非职业教育与教育体制研究》三本书。希望这些成果能够为从事南非经济、产业及职业教育研究人员，在南从事投资和贸易活动的企业人员，以及从事对南交流合作的相关机构管理人员提供有益的参考和借鉴。

目　录

引　言

　　近年来，中国与南非的关系实现了举世瞩目的跨越式发展，从伙伴关系发展到战略伙伴关系，继而发展到全面战略伙伴关系，这为中国与非洲各国乃至与全世界发展中国家友好合作树立了光辉的典范。截至 2019 年，中南贸易额达 424.6 亿美元，中国业已成为南非最大的贸易伙伴，南非也成了中国在非洲最大的贸易伙伴。中国对南非投资总额累计已突破 250 亿美元，主要涉及基础设施建设、汽车制造、纺织、电子通信、金融、采矿等众多产业门类。双方务实合作不断向纵深发展，不断取得新的突破。

　　教育合作是中南两国人文交流最重要且最活跃的领域之一。自 2015 年中国与南非签署教育交流合作协议以来，中国便与南非结下了"教育之缘"。目前，中国职业教育凭借自身的实力，与南非职业教育开展了一系列的交流与合作，取得了一个又一个丰硕的成果。

　　为了进一步促进中国与南非在职业教育领域的广泛合作，在常州职业信息技术学院"中国—南非产业合作与职业教育研究中心"的精心组织和指导下，我们撰写了这部著作。除绪论和结论外，这部著作共分四章：第一章系统介绍了南非职业教育与高等教育的现状；第二章重点阐述了南非高等教育与职业教育所面临的机遇与挑战；第三章对南非教育的国际化进程进行了全面梳理；第四章结合具体的案例，凸显了中国与南非职业教育合作所取得的最新成就，同时展望了两个发展中国家在教育领域合作的美好前景。

这部著作是集体合作的结晶。绪论由刘成富独立撰写；第一章由刘成富、尹摇芳合作撰写；第二章由周海英、柴庆友、刘成富合作撰写；第三章由周海英、杨会、刘成富合作撰写；第四章由王烨青、柴庆友、刘成富合作撰写。总体框架设计和统稿由刘成富完成。在编写过程中，武汉大学外国语学院王战教授、南京大学非洲研究所所长张振克教授、河海大学外国语学院游滔副教授给予了大力的支持和帮助，在此我们表示衷心的感谢！由于时间仓促和水平有限，书中一定存在不少疏漏，恳请广大读者不吝指正！

刘成富

2020 年 11 月

绪　论

一　研究意义

早在 20 世纪 50 年代，埃及、几内亚等非洲国家的首批留学生就开始来华学习深造，为中非之间的教育合作和交流拉开了序幕。① 改革开放以来，随着社会发展水准的提高，中非合作水平逐年提高，合作领域不断扩大。自 2000 年首届"中非合作论坛"创办以来，教育合作与交流明确被定为中国对非援助与合作的一个重要组成部分，列入中非合作整体框架的顶层设计，受到了国际社会的高度关注。中非之间的教育合作内容涵盖学生交换、教师交流、联合办学、职业教育合作等诸多项目，专业领域覆盖工业、农业、交通、医疗、金融、电子等各个方面。这些重要的举措有效地促进了中国与南非之间的教育合作和校企合作，也为进一步促进民心相通、文化互鉴奠定了坚实的基础，为经济、科技等领域的深度合作开辟了广阔空间。1997 年，全国外资工作会议将"走出去"的理念上升为国家战略，② 要求重视发

---

① 梅新林：《走特色化的中非教育合作交流之路》，《西亚非洲》2007 年第 8 期，第 66～69 页。

② 陈扬勇：《江泽民"走出去"战略的形成及其重要意义》，《党的文献》2009 年第 1 期。

展中国家的广阔市场和合作空间。作为集聚最多发展中国家的地区，非洲顺理成章地成为中国"走出去"的重要方向。据《非洲投资吸引力报告》统计，自 2005 年以来，中国在非洲各个国家的投资金额高达 664 亿美元，为当地创造了逾 13 万个就业岗位，涉及建筑、汽车制造、电子、金融、餐饮、旅游等多个领域。[①] 2019 年，在湖南长沙举办的中非经贸博览会盛况空前，涉及农业、制造业、贸易、基础设施、工业园、能源与矿产、金融合作、服务业等方面，由湖南人民出版社出版的《中非经贸合作案例方案集》则集中展现了中非经贸合作的成功经验和骄人成果。但是，尽管非洲拥有十分诱人的人口红利，大部分国家却严重缺乏有技能的劳动者，这给中非合作带来了一定的困难。《非洲地区发展报告（2015～2016）》统计数据显示，截至 2015 年，在全世界识字率低于 60% 的 22 个国家中，有 14 个国家来自撒哈拉以南的非洲地区。[②] 这样的教育水平根本无法提供理想的人力资源支持，技术人才的匮乏已严重掣肘非洲国家的经济发展。因此，中非职业教育合作迫在眉睫，为当地培养劳动密集型产业一线技术技能型人才刻不容缓。就我国职业教育自身体系建设而言，职业教育"走出去"意义重大。中非职业教育合作不仅能够进一步拓展我国高等职业教育的国际市场，而且对于进一步提升我国的国际影响力也具有重要的战略意义。

在长达 60 余年的中非教育合作进程中，中国对非教育援助

---

① 转引自《〈非洲投资吸引力报告〉：中国对非投资创新纪录》，《经济日报》2017年 5 月 9 日。

② 刘鸿武主编《非洲地区发展报告（2015～2016）》，中国社会科学出版社，2017，第 308～309 页。

的内容和形式不断翻新。值得一提的是，逐年增加非洲来华留学生政府奖学金名额，帮助非洲国家建立职业技术教育和培训机构，向非洲国家派遣志愿者教师和专家进行指导，以及提供各种物资设施等，所有这些举措为非洲国家培养了大量的技术人才。在 2018 年 9 月的中非合作论坛第七届部长级会议上，中国政府明确提出，要为非洲国家就地培养职业技术人才 20 万名，为非洲国家提供来华培训名额 4 万个。① 有人会问，在职业教育领域，我国对非援助究竟有哪些具体形式呢？我国教育管理部门和职业院校对非职业教育合作的积极性如何？在开展对非职业教育合作的过程中，我国的职业教育机构究竟有哪些优势？又有哪些短板？对非职业教育合作的项目实施情况如何？有哪些成功的经验？如何进一步提升中国对非职业教育合作的效益？所有这些问题都有待进一步探索和思考，更有待于我们给出中肯的回答。但是，由于时间和精力的限制，我们不能对非洲 54 个国家的教育合作一一进行研究。在这里，我们将集中精力论述中国与南非的教育合作，尤其是在高等职业教育方面的合作，旨在抛砖引玉，希望更多的朋友能够参与其中，发表真知灼见。

值得高兴的是，中国与南非正式建交 20 多年来，国内学者在该领域的研究业已取得一系列重要成果，为本课题的研究奠定了坚实的基础。《南非职业教育与教育体制研究》侧重梳理南非高等教育体制与职业教育的历史和现状，并在此基础之上试图系统论述中国与南非在职业教育领域合作的机遇和挑战，希望通过

---

① 商务部新闻办公室：《钟山部长出席中非合作论坛第七届部长级会议》，商务部网站，2018 年 9 月 2 日。

全面系统的梳理以及思考、分析和总结，进一步推动我国与南非高等职业教育的合作与交流，为"一带一路"建设和"中非合作"开辟更为广阔的空间。

二　国内研究现状

随着非洲国家国际化和民主化进程的推进，我国对非洲国家的研究有了长足的发展。作为非洲大陆最发达的国家，南非尤其受到了关注。如李建忠撰写的《战后非洲教育研究》（江西教育出版社，1996），南开大学张象教授主编的《彩虹之邦新南非》（当代世界出版社，1998），北京大学非洲研究中心编写的《非洲变革与发展》（世界知识出版社，2002），中国社会科学研究院西亚非洲研究所贺文萍研究员撰写的《非洲国家民主化进程研究》（时事出版社，2005），等等。在这些著作中，有些内容涉及了南非高等教育的发展状况以及对南非著名高校的介绍。在《战后非洲教育研究》第四章第四节中，李建忠重点论述了南非高等教育的现状及其存在的问题，就白人学生与黑人学生在办学条件、生源质量以及师资力量等方面加以比较，并进行了颇为深入的思考。但这些作品反映的大多是 21 世纪之前的教育状况，进入 21 世纪后，南非高等教育的发展出现了新情况和新问题，对这些新情况和新问题进行全面而系统的研究迫在眉睫。

2008 年之前，翟俊卿和郭华萍发表了《南非高等教育质量保障体系浅析》一文，论述了南非高等教育质量保障体系的沿革、内容及其特色，并对我国高等教育质量保障体系进行了相应的反思。作者把南非高等教育质量保障体系的发展划分为三个重要的历史时期，即探索期、初创期和完善期，为我们厘清了南非高等教育的发展脉络。① 在《南非高等教育质量保障体系：框架、特色与挑战》中，牛长松和顾建新从南非教育体系的政策、法律基础、体系框架及其特点等方面入手，对南非高等教育质量的外部保障体系进行了较为详细的分析。② 此外，郭朝红的《南非教育质量管理管窥》③、王留栓的《南非高等教育发展简况》④、柴旭东的《南非的大学教育》、谷峪和张文华的《南非教育中的评价和资格认证体制》、何小平的《非洲大学概况》等，从不同的角度对南非的高等教育进行了较为深入的分析和研究。

2008 年之后，有关南非高等教育的研究逐渐增多。其中，牛长松的《南非高等教育多语制改革》⑤ 论述了语言在促进南非国家构建、民族认同和保持多元文化方面所发挥的巨大作用。2010 年，在《南非高等教育公平化改革及成效》中，牛长松对南非民主政府的高等教育政策进行了深刻的思考，着重论述了教育的公平问题。⑥ 此外，顾建新和王琳璞的《南非高等教育变革中的公平与效率问题》⑦、牛长松的《南非公立高校招生政策的

---

① 翟俊卿、郭华萍：《南非高等教育质量保障体系浅析》，《高等农业教育》2007年第 1 期。

② 牛长松、顾建新：《南非高等教育质量保障体系：框架、特色与挑战》，《比较教育研究》2007 年第 12 期，第 45～50 页。

③ 郭朝红：《南非教育质量管理管窥》，《黑龙江高教研究》1999 年第 5 期，第96～97 页。

④ 王留栓：《南非高等教育发展简况》，《西亚非洲》2001 年第 3 期，第 39～41 页。

⑤ 牛长松：《南非高等教育多语制改革》，《非洲研究》2010 年第 1 卷，中国社会科学出版社，2011，第 79 页。

⑥ 牛长松：《南非高等教育公平化改革及成效》，《西亚非洲》2010 年第 3 期，第55～59 页。

⑦ 顾建新、王琳璞：《南非高等教育变革中的公平与效率问题》，《教育发展研究》2008 年第 3 期。

演变——教育公平的视角》①、王琳璞的《南非终身学习政策的三个特点》② 等研究成果在该研究领域也产生了重要的影响。

随着中非关系进一步深化，南非的职业教育体系也逐渐成为中国学者关注的对象，例如吴雪萍撰写的《南非的职业教育和培训》③和毛健的《发展职业技术教育　培养技能型人才——南非的经验和启示》④。此外，中非合作论坛以及《亚的斯亚贝巴行动计划（2004～2006年)》《北京行动计划（2007～2009年)》《沙姆沙伊赫行动计划（2010～2012年)》等行动纲领，对中国—南非职业技术教育的研究起到了一定的引领和促进作用。中国政府倡议的"一带一路"更是给中国—南非职业教育的合作带来了契机，激发了前所未有的活力，并指明了前进的方向。在《祖马时期南非职业与技能教育改革——管理、结构及规模》中，王琳璞和徐辉对南非职业与技能教育进行了较为全面的思考和分析。⑤ 在《南非职业技术教育发展的挑战与愿景——基于对〈2030年国家发展规划〉的解析》中，刘建豪和陈明昆结合《2030年国家发展规划》，对南非职业技术教育进行了多层次和多方位的思考。⑥ 田腾飞在《南非职业技术学校国家课程改革评析》中，对南非职业技术学校的课程改革进行

---

① 牛长松：《南非公立高校招生政策的演变——教育公平的视角》，《外国教育研究》2009年第3期。
② 王琳璞：《南非终身学习政策的三个特点》，《世界教育信息》2016年第12期。
③ 吴雪萍：《南非的职业教育和培训》，《教育与职业》2001年第1期。
④ 毛健：《发展职业技术教育　培养技能型人才——南非的经验和启示》，《现代教育科学：高教研究》2005年第1期。
⑤ 王琳璞、徐辉：《祖马时期南非职业与技能教育改革——管理、结构及规模》，《外国教育研究》2013年第6期。
⑥ 刘建豪、陈明昆：《南非职业技术教育发展的挑战与愿景——基于对〈2030年国家发展规划〉的解析》，《世界教育信息》2015年第6期。

了深刻的剖析。① 朱守信的《南非职业教育体制的重建：改革与进展》着重论及了南非职业教育的纵向递进与横向连接的制度设计问题。②

三 国外相关研究

2018 年，中国和南非两国迎来了正式建立外交关系 20 周年。两国全面战略伙伴关系保持强劲的发展势头，两国文化交流日益频繁，其中，孔子学院发挥了非常重要的作用。显然，中南关系的民意基础有力地推动了两国人民的文化交流，但是，就成果而言，目前国内还是新闻报道和访谈居多，系统梳理和深入分析的学术研究成果尚不多见。

在国外，涉及南非高等教育的研究成果则汗牛充栋。陆伯彬（Robert Ross）编著的《南非简史》③，着重论述了南非自白人在此建立定居点以来的社会发展变迁，为高等教育改革的研究提供了历史和文化参照。伊恩·邦廷（Ian Bunting）撰写的《不平等的历史遗产——南非的高等教育》④，以翔实的资料回顾了种族隔离（Apartheid）制度下的南非高等教育状况及其影响，并对新政府成立以来的高等教育改革进行了展望。尼克·克洛伊特（Nico Cloete）等人编写的《高等教育改革全球化的压力与南非的现实》⑤，深

① 田腾飞：《南非职业技术学校国家课程改革评析》，《职业技术教育》2011 年第 1 期。
② 朱守信：《南非职业教育体制的重建：改革与进展》，《当代教育科学》2012 年第 3 期。
③ Braun, Lindsay Frederick, "Robert Ross, A Concise History of South Africa. Cambridge Concise Histories," *Itinerario – European Journal of Overseas History* 25. 1 (2001)：182 –187.
④ Ian Bunting, *A legacy of inequality：higher education in South Africa*, *Contemporay policy issues*, (South Africa：University of Cape Town Press, 1996).
⑤ Cloete Nico, Transformation in higher education：global pressures and local realities, (PH. D. , Diss. Springer Netherlands, 2008).

刻剖析了南非高等教育改革的背景、政策变革中高等教育所遇到的新问题：经费、人员、行政、课程、科研、私立教育等。乔纳森·詹森（Jonathan Jansen）等人编著的《高等教育中的合并问题：过渡时期的经验教训》① 重点研究了高校合并前期的五个典型案例，深入分析了南非高校合并的宏观和微观政策，凸显了政府与高校以及合并伙伴之间的权利博弈，全面总结了南非高校合并的经验和教训。

南非是非洲高等教育相对发达的国家，对整个非洲大陆，尤其对南部非洲地区具有极为重要的影响。南非拥有较为完整的高等教育体系和较为完善的学术传统。在高等教育改革进程中，许多高校和科研机构的学者投入其中，不断进行探索和研究，既为政府的教育决策提供理论依据，也为解决高等教育改革中出现的问题寻找切实可行的出路。西开普大学、金山大学设立了教育政策研究中心，开普敦大学创建了高等教育发展中心。此外，高等教育改革研究中心（Centre for Higher Education Transformation，简称 CHET）、人文科学研究委员会（Human Sciences Research Council）以及半官方性质的高等教育咨询机构——高等教育委员会（Council on Higher Education，简称 CHE）也能为我们提供大量第一手的研究资料。《高等教育》（*Higher Education*）、《比较》（*Compare*）、《比较教育》（*Comparative Education*）等期刊不定期发表关于南非高等教育研究的资料，而南非本土的《南非高等教育》（*South African Journal Of Higher Education*）则提供了一系列更有针对性的研究资料。

---

① Jansen Jonathan, "Mergers in South African higher education: theorising change in transitional contexts", *Politikon* 30 (2003): 27 – 50.

第一章
南非职业教育与高等教育现状

第一节　南非高等教育体制形成的历史背景

南非高等教育的发展和衍变历程与南非的政治、经济、文化发展有着密切的联系。南非是一个传统的英联邦国家，其教育、经济、管理和法律等都是承袭英国的管理模式。自曼德拉当选为南非总统后，为了解决黑人的教育和就业问题，南非学校进行了多次和多方面的改革，但是，整个教育管理体系和模式并没有发生根本的改变。南非最著名的大学有金山大学、兰德大学、开普敦大学、比勒陀利亚大学和南非大学等，这些大学的教学水平和教育质量举世瞩目。要深入探究南非高等教育的发展历程，首先要了解南非社会历史文化的发展脉络。南非的高等教育始于早期的荷兰及英国的殖民统治时期，高等教育的发展具有极为鲜明的阶段性特征。从1829年南非学院的创建到1948年实行种族隔离政策再到1994年新南非的成立，南非的高等教育经历了三个不同的历史阶段。

一　第一阶段：1829~1948年

1829 年，南非学院的创建为南非高等教育拉开了序幕，紧接着，格雷学院（1855 年）、好望角大学（1873 年）、维多利亚学院（1874 年）以及南非矿业与技术学院（1896 年）相继建立。随着 1905 年《开普学校教育法》、1907 年《史末资将军教育法》的颁布，以及 1909 年《南非法案》的实施，南非种族隔离政策下的种族隔离教育体系也逐渐形成。在此期间，南非当局创建的高等学校主要有：德兰士瓦技术学院（1907 年）、纳塔尔大学学院（1909 年）。1910 年，英国将开普省、德兰士瓦省、纳塔尔省和奥兰治自由邦合并为南非联邦并使之成为英国的自治领。1916 年《南非大学法》颁布之后，在原南非学院和维多利亚学院的基础上，南非于 1918 年创建了开普敦大学和斯坦陵布什大学。[①] 同年，创建了以美国黑人学院为模式的南非土著人学院，这是南非最早面向黑人的高等院校，主要接收开普省教会学校（师范学校等）的毕业生。1923 年，该校成为南非大学的附属学院（哈雷堡学院）。为了进一步推动东北部重要省份德兰士瓦的工业化发展，1922 年，在南非矿业与技术学院和德兰士瓦技术学院的基础上，威特沃特斯兰德大学（现为南非规模最大的英语大学）应运而生。1930 年，在德兰士瓦技术学院的基础上，创建了比勒陀利亚大学。20 世纪三四十年代，纳塔尔大学学院专门为"非白人"开设了隔离体制的教学班。为了适

---

① Cloete Nico et al, *Transformation in higher education: global pressures and local realities in South Africa* (The Netherlands: Springer, 2007), pp. 95 – 101.

应奥兰治自由邦城市化发展的需要，1950 年创建了奥兰治自由邦大学。

二 第二阶段：1949~1993年

南非的种族隔离制度是在 1948 ~ 1991 年实行的。这个制度对人种进行了严格的分隔，并根据法律在地理区域对各个族群进行了强制性的分离。这个政策将全国分为两大地区——南非共和国和地处偏远的黑人家园。TBVA① 共包括四个独立的黑人家园：特兰斯凯、博普塔茨瓦纳、文达和西斯凯。南非《班图教育法》（1953 年）、《大学教育扩充法案》（1959 年）和《哈雷堡学院转交法》（1959 年）的出台，标志着南非以教育立法手段确立了高等教育中种族隔离和种族歧视的政策，并逐渐形成了按种族建立大专院校的新格局。不同的高校服务于不同的族群，由不同的政府部门来负责管理。专为白人设置的高校，直属体现白色人种选民意志的议会下属的教育与文化部；专为有色人种设置的高校，直属体现有色人种选民意志的众议院下属的教育与文化部；专为印度人设置的高校，直属体现印度人种意志的参议院下属的教育与文化部。黑人没有选举权，没有体现其意愿的相关机构。在南非共和国专为黑人开办的高校被看作公共事务，由教育部负责。

根据南非的法律，非白人的学校必须向土著人事务部注册，按种族建立非洲人、有色人和印度人的大专院校。新办的黑人学

---

① 独立于南非共和国之外，彼此不相连，是四个黑人家园的首字母缩写，借以指代这四个地区——编者注。

校必须设在土著人的居住地。白人学生不能进入非白人院校学习。1961 年 5 月 31 日，南非退出英联邦后，继续推进本国基于种族隔离制度的高等教育发展。1963 年和 1965 年，南非政府先后颁布了《有色人种教育法》和《印度人种教育法》，通过立法程序确立了种族隔离教育制度。1965 年和 1968 年，南非先后创办了伊丽莎白港大学和兰德阿非利加大学。1969 年，南非政府将 1959 年建立的 4 所大学学院升格成为大学，即北方大学、西开普大学、祖鲁兰德大学和德班 - 韦斯特维尔大学（印度人大学）。同年，在南非土著人学院基础上成立了福特海尔大学。但是，尽管种族隔离制度制造了特定的历史环境，还是有一些高校打破常规，向所有种族开放，比如 1951 年创建的南非大学和纳塔尔大学。1979 年，南非政府颁布的《面向黑人的大学修正案》（第 52 号）标志着南非高等教育在法律上开始走向非种族化阶段。1986 年，南非政府宣布废除《通行证法》和《人口流动控制法》，并允许黑人大学校长参加一直由白人组成的大学校长委员会（CUP），黑人在某些平台上得到了更多的受教育机会。当年，各类高校注册学生为 242095 人，比 1985 年（217525 人）增长 11.3%，其中黑人学生为 61406 人，比上一年（48641 人）增加 26.2%。① 1990 年 3 月，南非总统德克勒克对种族隔离教育制度采取了一系列改革措施，制定了《教育复兴战略》，主要涉及教育体制、正规教育与非正规教育的统一、远程教育与职业培

---

① Luescher, et al, "The Transformation of Higher Education in South Africa: How Much Have We Achieved? Perceptions of Policy Developments 1997 – 2003 and Outlook for the Next Five Years," (paper represented at 5th Council on Higher Education Consultative Conference 12 November 2003), p. 6.

训、课程改革、教育预算等方面的问题，大幅度地增加了教育预算。根据这一战略，非白人学生可以进入白人学校学习，南非公民可以享受7年的免费义务教育。

三 第三阶段：1994年至今

1994年，黑人领袖曼德拉出任南非总统，种族隔离制度终于退出了历史舞台，南非开始朝着社会民主化和经济现代化方向迈进。第一届民选政府提出了消除种族隔离的教育改革计划，而且把教育视为重建与发展的首要任务。首先，提倡高等教育公平原则。这一原则包括各种族教职员的公平、学生的公平以及高等教育机构之间的公平。目的在于消除教育机构之间的不平等，扭转传统弱势高校的不利地位。在教学语言、教育机构地区分布等方面，主要在于改变弱势群体的受教育状况，尤其是改变不利于非白人和女性的教育现状。其次，进一步扩大招生规模，增加传统弱势群体在学生和高校教职员工中的比例，优化传统弱势群体学生的专业分布，提高其学业的成功率。高等教育的发展主要涉及三个方面的内容：注重效率和效益（投入－产出比）、加强高等教育与社会经济的关系、巩固南非在南部非洲地区学术中心的地位。这一发展计划使南非高等教育在国际竞争中占据了一席之地，其目标主要表现在以下几个方面：改善管理、提高效率和效益、优化系统结构、减少重复、重新自我定位等。为了服务社会和经济发展的需要，南非高等学校面向社会需求调整了传统的课程设置，把人才培养与经济社会需要紧密地联系在一起，包括社区的服务。实行义务教育之后，南非实施了学术教育与技术教育分流的制度，修改了教学大纲，更新了教科书，重新设置了一系列与时俱进的课程。在提高教育质量的同时，南非鼓励发展远程教育和成人教育。

南非原有 36 所公立高等学校，这些学校曾经在历史上被区分为白人大学、黑人大学（包括有色人和亚裔）。在综合性大学中，4 所高校以英语为教学语言，5 所以阿非利加语为教学语言，2 所为双语大学。其中，实行自治的 6 所大学分别是：开普敦大学、奥兰治自由邦大学、纳塔尔大学、哈雷堡大学、西开普大学和德班－韦斯特维尔大学（印度人大学）。15 所工科大学大致可以分为三大类：白人和黑人技术院校分别为 7 所，另 1 所为不分种族的函授技术学校。① 2003 年，为了消除种族隔离的影响，南非政府为创建公平、高效的高等教育，将大学合并为 23 所。2011 年，为了使每个省份都有高校，在两个没有高校的北开普省和姆普马兰加省也筹建了国家高等教育学院。建成后现有公立高等院校为 25 所。

第二节　南非高等教育的现状

一　高等教育概况

南非人口约 5400 万，分为四大人种，其中黑人占 79.6%，有色人（黑白混血）占 9%，白人占 8.9%，亚裔（印度人、华人）占 2.5%。南非长期实行种族隔离的教育制度，使黑人受教

---

① M. S. Badat, "Transforming South African Higher Education, 1990 ~ 2003: Goals, Policy Initiatives and Critical Challenges and Issues," (Paper represented at 5th Council on Higher Education Consultative Conference 12 November 2003), p. 13.

育机会远远低于白人。1995 年 1 月，南非政府正式实施 7 ~ 16 岁儿童免费义务教育，废除了种族隔离时期的教科书，并且不断加大对教育的投入，对课程设置、教育资金筹措以及高等教育体制进行了改革。南非的高等教育涵盖本科生教育和研究生教育、学历教育和学位教育。在校学生约 90 万人，接受过高等教育的人口占全国总人口的 9.1%。

根据南非现今的宪法和人权法案，所有的南非人都有权利接受基础教育，包括成人教育和进一步的高等教育。国家有义务通过合理的举措，进一步提高教育的有效性和普遍性。南非的国家资格认证框架包括三大教育领域：基础教育与培训、继续教育与培训以及高等教育与培训。南非把提高国家高级证书考试（National Senior Certificate，简称 NSC）通过率作为检验学校教育的一项重要指标。20 世纪 90 年代末，南非国家高级证书考试通过率不到 40%，但是随后逐年上升。2014 年，通过率达到了 75.8%。不同的学科都创造了十分可喜的成绩。2015 年，全国公立和私立学校共有 550127 名全日制学生和 138533 名非全日制学生通过了国家高级证书考试。南非政府规定，只有通过国家高级证书考试的学生，才能获得大学录取的资格，学生最低要通过三门主科的考试和大学附加的科目考试方能进入大学攻读学位。

自新南非成立以来，南非政府就将教育列为重建与发展计划的重点项目。1994 年，南非政府成立南非高等教育委员会（Council on Higher Education，简称 CHE）。这是南非高等教育改革的重要里程碑。该委员会是一个独立的机构，直接向教育部负责，主要承担全国高等教育政策的拟订以及承担确保全国高等教育质量的责任。1995 年，南非颁布了《南非资格认可法案》（*The*

South African Qualifications Authority），1997 年公布了《高等教育转型白皮书》（*White Paper on Higher Education Transformation*），制定了《南非高等教育法》等，这些举措使南非的高等教育得到了长足的发展。

值得注意的是，尽管南非国内政治与经济情势相对稳定，多年来经济持续增长，但是，南非的失业率依旧很高，两极分化现象仍然存在。虽然黑人与白人之间的贫富差距趋于缩小，但是黑人族群内部的贫富不均现象日趋严重，由此也衍生出了日益严重的犯罪、性暴力、虐待儿童等社会问题。同时，政府与私人企业、机构时常曝出严重的贪腐事件。此外，国际油价与粮食价格上涨、电费上涨、市政费用上调使得南非的穷人苦不堪言。在这种大背景下，高等教育的改革显得步履维艰。2018 年 2 月，南非总统拉马福萨在国情咨文演讲中将降低失业率、杜绝腐败以及加强基础设施建设作为政府的主要目标。他强调要关注年轻人的失业问题，并要求政府在未来几年内创造 100 万个带薪实习岗位。此外，拉马福萨还提及了制造业在创造就业方面的巨大潜力，表示南非政府将致力于解决制造业产量严重下滑的问题，进一步推动纺织和家具等制造业部门的本地化。

过去，南非高等教育曾在国际上赢得不少美誉。1967 年，南非开普敦大学成功完成了人类历史上第一个心脏移植手术。除了诺贝尔和平奖和文学奖之外，有三位南非学者获得了诺贝尔医学奖，分别是 1951 年的谢勒（Max Heiler，1899～1972 年，发现黄热病疫苗）、1979 年的寇马克（Allan M. Cormack，1924～1998 年，对 X 射线成像分析的研究）、2002 年的布瑞纳（Sydney Brenner，1927～2019 年，发现器官发育和细胞的遗传调控机制）。南非的大学绝大多数以英语作为教学语言，高等教育的质量得到国外学生的普遍认可，因而也吸引亚洲国家一定数量的学子前往就读。近年来，同中国大学一样，南非的多所大学也开始流行合并风潮，大学数目时有变化。如技术学院转型为科技大学，某些大学合并或重组甚至一年数变。

目前，南非的高等教育依旧大大领先非洲大陆其他国家。因此，南非的大学吸引了大量非洲大陆的学生，尤其是纳米比亚、博茨瓦纳、津巴布韦、莫桑比克及斯威士兰等邻近国家的学生。2009年，祖马总统上台后重新组阁，将教育部一分为二，成立了高等教育与培训部（简称高教部），高教部成为独立的国家部委，首任高教部部长是祖马的铁杆盟友、身兼南非共产党总书记的布莱德·恩奇曼德。这一措施充分反映了南非政府对高等教育给予高度的关注。根据英国《泰晤士报》2008年世界大学排行榜，南非开普敦大学位列世界排名第179名（2009年，其跃升为第146名），金山大学位列世界排名第319名。比勒陀利亚大学也是南非的一所名校，2007年2月，胡锦涛主席访问南非时曾在那里发表演讲。另外，根据上海交通大学的世界大学排行榜，南非有1所大学排行位列世界前300名，2所大学排行前400名，4所大学排行前500名。

据2009年南非高等教育委员会（CHE）公布的数据，南非共有23所公立大学，教师人数41383人，职工67304人。2007年，全国大学学生人数761090人，其中有研究生110418人，同年颁发了7516个硕士学位、1274个博士学位。截至2009年1月，南非另有79所私立高等教育机构登记注册，有15所私立高等教育机构短暂注册。根据南非高等教育委员会2010年公布的数据，2010 年，南非共有 892936 名公立大学生，其中有 726882 名本科生，138610 名硕士研究生。南非公立大学共有 127969 名教职员工，其中有专职教师 46579 人。2010 年，共有 153741 名学生毕业，其中人文和社会学科 74612 人，商业财经学科 41724 人，理工科 37405 人。自 2009 年起，南非高等教育与培训部开始分工负责继续教育与培训，包括高中教育、职业教育，管理技术学院、社区学院和私立院校。目前，在南非高教部登记注册的继续教育与培训机构共有 450 所，其中公立继续教育学院 150 所。[①] 私立高等教育机构是南非高等教育的重要补充。经南非高等教育与培训部审定，2015 年有 88 所登记注册的私立高等教育机构和 27 家获得临时办学资格的机构。经核准，这些机构可以颁发指定的专业学位和文凭。私立高等教育机构在校生约为 35000 人。[②]

南非公立学校的学术声望、师资与设备、学生素质明显优于私立高等教育机构。目前，南非大学教育中被世界公认的强项学科包括以下专业：农业、医疗、教育、社区与社会服务、制造业。而能源、环境、通信和旅游等专业相对薄弱。总的来说，南非的高等教育效仿了英国的高等教育体制，高等教育体制与英国一脉相承。所有大学名义上都是公立大学，大部分办学费用来自国家预算，当前，南非公立大学主要分为三大类（见表 1-1）。

第一类是传统大学（traditional universities），即创建久远的、

---

① The Department of Higher Education & Training, *Green Paper for Post - School Education and Training in South Africa*, (South Africa: Government Printers, 2015), p. 65.

② The Department of Higher Education & Training, *White Paper for Post - school Education and Training*, *Building an Expanded*, *Effective and Integrated Post - school System*, (South Africa: Government Printers, 2015), p. 46.

拥有悠久历史的大学。

第二类是综合性大学（comprehensive universities），即增设了较多新专业系和研究所的大学。

第三类是科技大学（universities of technology），即大部分由过去技术学院转型而来的大学。[①]

表1-1 南非公立大学分类

大学类型	编号	大学名称
传统大学	1	开普敦大学（University of Cape Town）
	2	福特海尔大学（University of Fort Hare）
	3	自由州大学（University of the Free State）
	4	夸祖鲁—纳塔尔大学（University of KwaZulu‐Natal）
	5	林波波大学（University of Limpopo）
	6	西北大学（North‐West University）
	7	比勒陀利亚大学（University of Pretoria）
	8	罗德斯大学（Rhodes University）
	9	斯坦陵布什大学（University of Stellenbosch）
	10	西开普大学（University of the Western Cape）
	11	威特沃特斯兰德大学（University of the Witwatersrand），又称金山大学
综合性大学	12	约翰内斯堡大学（University of Johannesburg）
	13	纳尔逊·曼德拉都市大学（Nelson Mandela Metropolitan University）
	14	南非大学（University of South Africa）
	15	文达大学（University of Venda）
	16	沃尔特·西苏鲁大学（Walter Sisulu University）
	17	祖鲁兰德大学（University of Zululand）
科技大学	18	开普半岛科技大学（Cape Peninsula University of Technology）
	19	中央科技大学（Central University of Technology）
	20	德班科技大学（Durban University of Technology）
	21	曼古苏图科技大学（Mangosuthu University of Technology）
	22	茨瓦内科技大学（Tshwane University of Technology）
	23	瓦尔科技大学（Vaal University of Technology）

资料来源：笔者自制。

[①] 这三类大学有时也互有交叉。

　　除大学之外，南非有 12 所可以颁发学位的高教机构。另外，还有国外大学在南非开办的境外大学，目前获准颁发学位的此类学校有 8 所。南非幅员辽阔，南非政府积极推动远程高等教育，南非大学以远程教学为主，在这方面可谓领先全球。南非高等教育学校颁发的证书主要有"毕业证明或证书"（Certificate or Diploma），一般在高校就读 2～3 年以上才能获得。① 此外，还有高级证书和第一证书。"学士学位"（Bachelor）一般修读 3 年大学课程后便可获取。跟英国一样，南非多数大学修业的年限为 3 年。在学士学位中，还有专业学位与一般学位之别。研究所可以颁发"荣誉学位"（Honor's Degree），即大学毕业后再修 1 年课程并完成论文者可以获取。除了荣誉学位之外，大学毕业后再修读 2 年可以获得硕士学位，硕士后再读 2 年以上可获得博士学位。② 过去，由于受到种族隔离制度的限制，黑人处于弱势地位，受教育的需求被漠视，对黑人而言，高等教育几乎成了奢侈品。因此，多年来南非新政府将高教课程改革视为民主改革的首要任务。随着高等教育的国际化以及外籍学生的日益增多，过去被边缘化和遭遇排挤的黑人学生和有色人种学生人数逐年增加。南非高等教育的课程设计、教育理念、教学策略等都需要进行改

---

① South African Institute for Distance Education（SAIDE），and Council on Higher Education（South Africa），*Enhancing the contribution of distance higher education in South Africa：report of an investigation led by the South African Institute for Distance Education*，（South Africa：Council on Higher Education，2004），p. 35.

② Thandiwe Ngengebule，*An Overview and Analysis of Policy for Distance Education in South African Higher Education：Roles Identified for Distance Education and Developments in the Arena from 1948*，（South Africa：Council on Higher Education，2003），pp. 67－73.

革，以满足黑人学生和有色人种学生的学习需求。一般而言，影响学生有效学习的因素除了教学因素外，还有训练的挑战、对机构和制度的期盼、心理健康、政治体制、文化价值理念以及相关的经济变数等。

目前，南非高校课程改革已将非洲学生的文化认知模式、学习偏好、文化与政治和经济背景（诸如宗教信仰、先前经验以及语言学习能力）等因素纳入考虑范围，同时，南非在确定高等教育资格标准时也加入了非洲学生的特性和需求。非洲化的课程设计以及中适应性教学与研究也受到重视。但有关非洲语言、文学、文化以及历史的学习仍然不够充分。南非高等教育必须重视对非洲本土国情的研究和学习，并将之置于核心的地位。此外，南非高教课程改革过度倾向于职业教育，制定了许多不切实际的标准，或过度强调教育成果。普遍存在的大班级教学颇受诟病，教学偏于说教和训诲，缺乏师生之间以及学生之间的互动。评鉴方法不适于复杂的学习目标。学生很少有机会整合不同领域的知识，并学以致用。所有这些成为南非高等教育中颇受批评的软肋。① 2020 年 2 月，新当选的南非总统拉马福萨表示，南非政府将开始实施"总统青年就业干预计划"（Presidential Youth Employment Intervention），其中包括在未来 5 年将采取的五项优先举措，以进一步降低令人担忧的青年失业率。这一干预计划将由总统府一个专门的项目管理机构推进，同时加快发展竞争性

---

① South African Institute for Distance Education（SAIDE），and Council on Higher Education（South Africa），*Advice to the Minister of Education on Aspects of Distance Education Provision in South African Higher Education*，（South Africa：Council on Higher Education，2004），p. 97.

强、面向出口和劳动密集型的行业，因为这些行业能够提供更多的就业岗位。

拉马福萨推出的"总统青年就业干预计划"的主要内容包括：建立全国性管理网络，帮助年轻求职者了解和获得学习和工作机会，基本就业技能培训应与就业和其他机会相匹配。这一点对于那些被边缘化、被排斥在社会之外的年轻人来说至关重要。通过这个平台，年轻人可以获得私人和在线支持，可以创建个人简历，并训练求职和面试技巧。拉马福萨还认为，政府需要找到新的创新方式来支持青年创业和自主就业，可以通过消除对小企业的监管障碍以及创造更多的公共空间，让企业在乡镇、村庄和城市中心蓬勃发展。据悉，这一计划得到了总统府、国家青年发展局、就业和劳工部、高等教育与培训部、小企业发展部以及哈兰贝青年就业加速器和青年就业服务等机构的响应和支持。

二 公立大学简介

（一）十一所传统大学

开普敦大学建立于 1820 年，位于立法首都开普敦市，拥有南非最美丽的校园，是南非历史最悠久的大学，学术和研究地位在非洲首屈一指。该校在历史上长期稳居世界 200 强高校之列，目前位列世界第 145 名。1967 年，开普敦大学医学院成功完成了世界首例心脏移植手术，临床医学名列世界高校前十强。该校校友有 5 人先后获得了诺贝尔奖。

福特海尔大学的历史可以追溯到 1916 年，这是一所历史最为悠久的黑人大学，是南非许多卓越革命家的摇篮，多名非洲国家总统毕业于此。该校的 2 个校园分别位于东开普省的爱丽丝和东伦敦。优势学科有农业学科和人文管理学科，著名的曼德拉法律学院就设在这所大学。

自由州大学创建于 1904 年，位于司法首都布隆方丹，在校生约 33000 人。这所大学使用阿非利加语（南非白人语言，以荷兰语为基础，混合德语、法语）和英语教学，著名学科有教育学、医学、法学、农学、神学以及管理科学。多年来，这所大学始终致力于让大学成为一个公平的、多语种的和多元文化的学习和交流平台。

夸祖鲁—纳塔尔大学由德班—韦斯特维尔技术学院和纳塔尔大学合并而成，3 个校园位于南非最大的港口城市德班，另一个校园位于彼得马利茨堡。这所大学的师生以印度裔学生为主，有42000 名在校生，分别在农学院、工程科学院、健康科学院和人文学院就读。夸祖鲁—纳塔尔大学位列世界高校前 500 强之列。

林波波大学由原北方大学和南非医科大学合并而成。合并后的林波波大学医学部位于行政首都茨瓦内北部，而人文学院、农学院、管理和法律学院则位于林波波省。该校人才培养侧重南非农村的需求和社会发展。

西北大学建立于 2004 年，由原波彻斯卓姆大学和前西北大学合并而成，现有 32000 名在校生，是南非目前最大的大学之一，拥有 3 个校园。该校倡导多语种政策，积极推行改革创新，以适应不同人种学生的需求。

比勒陀利亚大学是南非一所拥有诸多校区的公立研究性大学，主校区位于比勒陀利亚（现更名为茨瓦内）市区，该大学居世界高校前 500 强之列。该校有 9 个学院以及 1 个商业学院，分布在 7 个校区。这些学院分别是经济和商学院、教育学院、工程学院、建筑环境和信息技术学院、健康学院、人文学院、自然和农学院、神学院以及全南非唯一的兽医学院。该大学的商学院——豪登学院一直是非洲排名最好的商业学院，在世界排名前50位。自1997年以来，比勒陀利亚大学拥有南非最齐全的学科并跻身非洲最著名研究型大学之列。商学院以及豪登商学院位于非洲最大的商业城市约翰内斯堡。2011年，豪登商学院的工商管理硕士（MBA）被《金融时报》评定为非洲第一。2007年6月，胡锦涛主席曾在那里发表演讲并对该校给予了高度的评价。

罗德斯大学，位于东开普省的南非"教育城"格雷厄姆。这是一所百年老校，现有在校生7000人，半数以上为住校生，其中外国留学生有1450人，分别来自57个国家。该大学拥有南非最低的师生比（1:15）。大学的新闻专业誉满全球，从半岛电视台到美国有线电视新闻网（CNN），再到中国中央电视台，罗德斯大学毕业生无处不在。

斯坦陵布什大学的主校区位于南非著名酒乡之路的斯坦陵布什。该校位居世界高校300强之列，共有4个校园。除医学院和军工学院之外，其他9个学院都位于斯坦陵布什。著名的学科有生物和酿酒、军工、人文和法学。作为历史上的白人大学，这所大学把阿非利加语作为本科生教学语言，研究生教学则允许实行阿非利加语和英语的双语教学。在种族隔离时期，该校曾是政府的智库，今天仍然得到许多白人企业家的赞助。斯坦陵布什大学设有中国研究中心。

西开普大学创建于1959年，历史上是一所以有色人为主的大学。现有在校生12000人，设有16个学院（研究院所）和68个系。主要学科有人文、牙医、经济管理、教育、法学。政府管理学院作为政府智库，培养了若干非洲裔政府官员。该校致力于软件与课件的开发，是国际课件开发联盟的唯一非洲成员。

威特沃特斯兰德大学（又称金山大学）是南非名列前茅的研究型大学之一，位于南非最大城市约翰内斯堡。这所大学位居世界高校 300 强之列，吸引了来自非洲各地的学生，现有 28000 名在校生，培养了 120000 多名毕业生。著名的学科有采矿、工程和人类学研究。金山大学商学院声名卓著，也是非洲最古老的商学院。金山大学人类研究所是南半球最具实力的古人类学研究机构，保存着珍贵无比的古人类化石。

（二）六所综合性大学

约翰内斯堡大学成立于 2005 年，由原兰德阿非利加大学、金山技术学院和维斯塔大学约堡校区合并而成。这所大学兼具理论教学与技术培训两大功能，拥有 50000 名在校生。9 个学院分布在 5 个不同的校区。这些学院分别是艺术学院、建筑与设计学院、经济与财政科学学院、教育学院、工程与环境学院、健康学院、法学院、管理学院和理学院。

纳尔逊·曼德拉都市大学由原伊丽莎白港技术学院、伊丽莎白港大学和维斯塔大学伊丽莎白港校区合并而成，在东开普省的伊丽莎白港有 5 个校园，另一个校园在乔治城，现有 25000 名在校生。作为一所综合性大学，这所大学提供职业技术教育和专业培训，设有艺术、经济、教育、工程、环境和信息技术、健康、法律和理学等 8 个学院。

南非大学的历史可以追溯到 130 年前，目前是世界上最大的远程教育开放大学之一，300000 名学生分别来自 130 个国家。2004 年，这所大学由原南非技术学院和维斯塔大学远程教育部合并而成，学校总部设在南非行政首都茨瓦内，在南非 9 个省设有办事处，以便提供便捷的远程教育和技术支持。南非大学出版社和图书馆的规模均号称南半球第一。该校设有南非的大学中第一个中文专业。

文达大学建于 1982 年，位于林波波省，提供专业学术课程，侧重于与就业密切相关的教育、环境、农业、人文、法律和管理学科。该校的数学和理科教学在南非占据重要的地位。

沃尔特·西苏鲁大学位于东开普省，这是一所以反种族隔离斗士而命名的大学。2005 年，由原东开普技术学院和川斯凯大学合并而成，现有在校生 20000 人，能够提供包括医学学士和硕士在内的学位课程和证书课程。该校有 4 个学院，分别是健康学院、商学院、管理和法律学院以及教育学院。

祖鲁兰德大学位于夸祖鲁－纳塔尔省，是一所以农村为背景的综合大学，现有 9000 名在校生，分别就读于两个不同的校园。该校有 4 个学院，分别是艺术学院，商业、行政管理与法律学院，教育学院，科学和农业学院。

（三）六所科技大学

开普半岛科技大学，由原开普技术学院和半岛技术学院合并组成。它是西开普省最大的大学，现有 32000 名在校生，分布在四个校园内。该校注重学生的实践活动，安排每届学生进行为期 6 个月的实习。

中央科技大学由原自由州技术学院和维斯塔大学维尔康校区合并而成，位于南非司法首都布隆方丹，设有管理学院、工程学院、信息与通信技术学院以及健康与环境科学学院。

德班科技大学由一所技术学院和纳塔尔技术学院合并组成，

校本部在德班。作为理工类大学，该校注重应用研究和技术创新，有 7 个校园和 6 个学院：会计与信息学院、应用科学学院、艺术与设计学院、工程与建筑环境学院、健康科学学院和管理科学学院。此外，该校还有一个商业研究中心。

曼古苏图科技大学，即原曼古苏图技术学院。这是 1979 年在种族隔离背景下建立的一所技术学院，有 10000 名在校生，分别就读于 3 个学院：管理科学学院、工程学院和自然科学学院。

茨瓦内科技大学，由原北豪登技术学院、西北技术学院和比勒陀利亚技术学院合并而成，有 4 个校园，在校生达 60000 人。该校提供包括专业博士、专业硕士在内的学位课程和学历证书课程，设有 7 个学院：工程与建筑环境学院、理科学院、人文学院、管理科学学院、经济与财政学院、信息与通信技术学院和艺术学院。经济与财政专业在非洲有较高的美誉度。这是一所最早与中国高校进行教育交流的南非大学。

瓦尔科技大学位于约翰内斯堡西南 60 公里，现有在校生 21000 人，设有 4 个学院：工程与技术学院、应用计算机科学学院、人文科学学院和管理科学学院。

三 学校管理

南非政府把发展高等教育视为国家发展战略的重要组成部分。在经济全球化的大背景下，人才短缺是制约南非国家发展的重要因素，成为南非经济发展的瓶颈。2009 年，南非政府把教育部分成了两个部：高等教育与培训部（简称高教部）、基础教育部。基础教育是政府提供给公民最重要的公共服务之一，是促进青少年民族国家认同的主要机制和路径。南非基础教育改革从未止步，其目标是不断地为青少年创设公平、优质的教育条件，以期消除种族隔离带来的各种社会问题。转型初期，南非政府推行融合教育。通过完善教育结构、贯彻平等价值观等方式方法，使各种族学生能够彼此尊重。教育转型为南非黑人和白人接受公平教育奠定了坚实基础，促进了种族融合。高等教育与培训部负责对全国的高等教育与培训实施监督与评估，不仅涵盖高等教育，而且包括职业技术教育和成人就业教育。南非共产党总书记布莱尔·恩齐曼迪出任高教部部长之后，改革成效显著。南非高教部提出的口号是："让我们一起把每一个工作空间变成培训空间。"[①] 遍布全国的继续教育学院满足了走出校门的青年人的就业需求。政府的目标是让更多的成年人进入此类学院就读。为了适应经济转型的变化，政府将原劳工部的技术教育管理职能转到高教部，希望能够找到一条合作共赢的技能发展道路。2016 年 1月，南非政府出台了鼓励发展技术教育的新政策。新政策对南非公立学校进行了全面的改革，根据学生的学习能力，将学生分为三大类：大学教育、技术培训和职业培训。职业培训针对直接进入工作岗位的学生。这些学生不参加数学考试（在南非的学校中，数学学科通过率极低），毕业后直接从事技术类工作。大学教育则更加注重课程教育。技术培训包括工程学、技术制图等实践课程，还对有意从事贸易工作的学生进行实训。新的教育体制于 2017 年在全国范围内得以实施。

南非政府把高等教育的管理统一在国家管理框架之下，尽量

---

① Thandiwe Ngengebule, *Policy framework for administration and management of student admissions in technical and vocational education and training colleges*, (South Africa: Council on Higher Education, 2010), p. 23.

减少对学校的行政干预。政府对高校的管理体现在审定、监督、检查、评估以及制定宏观的发展规划和预算管理方面。高教部主要通过高等教育委员会（CHE）、南非资格认证机构（South African Qualifications Authority，简称 SAQA）、大学入学委员会（Umalusi）等机构对学校的情况进行管控，依法制定标准和设立监控机构，实施质量认证和保障。高教部实施权力下放，通过省级教育管理部门来管理继续教育学院。高等院校和私立教育机构拥有相当大的自主权，学校理事会是学校最高权力机构。理事会聘任校长，校长对理事会负责。尽管高校有很大的自治权，但是，绝不可逾越政府规定的底线，那就是没有一个学生会因为自己的种族或宗教信仰而被排除在校门之外。

四　私立大学概况

种族隔离制度的消亡使南非的私立学校迎来了春天。由于全国公立大学数量有限，为了大力发展高等教育以满足不同种族学生的需求，南非政府为私立高等教育的发展提供了良好的条件。1996 年，《南非共和国宪法》第 108 条明确指出：在公平和公正的目标下，加大国家对高等教育的干预力度，承认私立高等教育与公立高等教育并存的权利，公立和私立高校之间不仅仅是竞争的关系。法令同时指出，对私立高等教育必须加强监督，以确保高等教育变革中公平目标的实现，绝不能以牺牲质量为代价。私立高等教育的地位在法律上得到了承认。政府以国家利益来约束私立高等教育，以质量为尺度来管理私立高等教育。这对私立高等教育健康稳定的发展具有划时代的意义。1997 年，南非政府发布的《高等教育转型白皮书》对私立高等教育的发展做了进一步规定。同年，南非政府颁布了《南非高等教育法》（1997/107 号法令），将私立高等教育完全合法化。1998 年，南非政府首次提出私立高等教育机构必须在南非教育部登记注册，明确私立高等教育必须在国家质量框架下运作，并必须获得南非资格认证机构（SAQA）的认证。2000 年颁布的《高等教育修正法案》赋予教育部部长更多监督私立高等学校的权力。2002 年，多项规范私立高等教育管理的规定出台，管理内容涉及扩大南非高等教育委员会（CHE）对私立高等教育的管理权限、私立高等院校与公立高等院校之间的合作办学，以及对私立高等院校的筹资和其财务运行实施监控的细则。[①] 从 2002 年开始，南非的私立高校注册制度全面实施。教育部每年定期向社会公布私立高等院校的注册情况。

2015 年，经南非高等教育与培训部登记注册的私立高等教育学校共有 115 所，其中完全注册的 88 所、临时注册的 27 所，在校生约 35000 人。最早的南非私立高等教育学校可以追溯到 1829 年。[②] 经过 191 年的发展，南非的私立高等教育体系已日趋完善，规模稳中有升，政府和私立高等教育提供者都在私立高等教育管理方面积累了丰富的经验，但面对经济全球化，南非私立高等教育学校的管理也面临着诸多挑战。

南非的私立高等学校大多规模不大，大致可分为四大类：一

---

① A. H. Strydom, J. F. Strydom, "Establishing Quality Assurance in the South African Context, *Quality in Higher Education*," 10 (2004): 38.

② The Department of Higher Education & Training, *White Paper for Post – school Education and Training*, *Building an Expanded*, *Effective and Integrated Post – school System*, (South Africa: Government Printers, 2015) p. 46.

是本国投资人举办的私立高校，其中不乏连锁性质的学校；二是外国大学或外国投资人创办的私校，规模较大的如莫纳什（南非）教育连锁机构举办的学院，如戴姆陵学院；三是特需学院；四是职业技术学院和大企业的培训中心。办学形式多种多样，除普通学位、学历教育外，还包括函授教育、远程教育、夜大学、短训班等。学生规模大多在数千人左右。在私立高校中，只有少数符合要求的学校有资格授予学士学位。115 所私立高校中只有 12 所能授予硕士学位、3 所能授予博士学位。[1] 多数学校只发放学历证书和单科文凭或结业证书。职业技术教育始终是私立高等教育的主营方向。

种族隔离政策废除后，百废俱兴，南非高等教育迎来了新的发展机遇。国际社会一方面公开承认南非高等教育已有的成就，另一方面也在关注南非走出国际制裁后，其高等教育的新走向。新南非对私立高等教育持肯定的态度，这极大地促进了私立高等教育的蓬勃发展，也使国外投资者和大学关注南非私立高等教育这一具有潜在发展并有利可图的市场。20 世纪 90 年代后，不少外国教育机构纷纷涌入南非，特别是那些来自欧洲的教育机构，它们在南非开设的课程主要包括 MBA、管理、传媒和计算机。[2]一些私立高校基本保持了母校的教学水平，但是，也有一些机构提供不适合南非国情的、宣扬西方价值观的课程，这些课程因不

---

[1] The Department of Higher Education & Training, *Statistics on Post – School Education and Training in South Africa*, (South Africa：Government Printers，2018）p. 78.

[2] The Department of Higher Education &Training, *Education White Paper*3：*A Programme for the Transformation of Higher Education*, （South Africa：Government Printers，1997）p. 82.

符合南非政府的要求而受到了质疑。同时，白人中产阶级家庭的家长普遍担忧公立学校在向黑人打开大门后会存在降低教学标准的可能，他们转而更青睐私立高校。

政府和公立高等学校对此感到不安，担心私人高校诱使优秀生源脱离公立高校。私立高校财力丰厚，这也对资金来源单一、资源紧缺的公立高校带来了严重的冲击。私立高校用高报酬挖走优秀师资，或重金诱使公立高校教师到私校兼职。此外，个别私立高校的运营以获利为目的，只为学生提供简陋的教学设施和不切实际的课程。欧洲的 MBA 课程是为欧洲经济发展需要量身定制的课程，并不完全适合南非经济复兴的需求。许多夜大学、函授学院在低端运作，个别学校顽固地维护旧体制。面对重重矛盾和问题，南非政府认为必须整顿和制约私立高等教育的盲目发展。政府建立并实施了私立高校认证注册和质量保证体系，要求所有私立高等院校必须在南非资格认证机构（SAQA）认证所提供的学位项目、学历证书和课程纲要，同时规定所有的专业设置、教学计划和学历、学位项目必须经过南非高等教育委员会（CHE）所属的高等教育质量委员会（Higher Education Qualification Committee，简称 HEQC）的认证。南非政府对私立高校实施注册的目的是要进一步确保私立高校的教学和科研质量，保证在私立高等学校就读的学生能获得在国家质量框架下与公立学校一致的学历证书和学位，保证私立高等教育体制在国家宏观政策指导下健康转型并获得可持续发展。

在对私立高等院校规范管理的初期，政府取缔了特需学院的注册资格。2007 年，有 443 家私立高等教育机构向教育部递交了注册申请，经审定只有 144 家获得完全和临时注册的资格，许多学校未获注册。2008 年，只有 81 家私立高等教育机构获得注册，专业限定在神学、信息技术、计算机、商业和管理、媒体和替代疗法。大多数私立院校只能提供国家高级证书（职业教育类）和单科文凭。经审定，规模较大的私立高校可授予学位和研究生学历，如莫纳什（南非）。私立高校注册时，教育行政机构除考核、评估、认证各高校的教学、科研质量之外，其财务状况也是重要的指标。对那些不能提供财务报表和财务审计报告的学校，政府拒绝予以登记。私立高等院校不能触及公平教育和种族和解的底线。南非高等教育与培训部 2014 年吊销了阿卡德米学院（Academia）的执照，并强行关闭了该学院，原因就是该校只采用阿非利加语（南非白人通用语言）教学，虽经劝谕，该校仍坚持不改，最后只能"关门大吉"。教育部（现为高等教育与培训部）对符合要求的私立高等学校办理完全注册手续；对基本符合要求的学校给予临时注册资格，并要求限期整改、完善，待其全部达标后方予以其完全注册的资格。2008 年，48 家临时注册的院校被注销登记，5 家临时注册的院校自行撤销了登记申请。①

南非的私立大学与公立大学有着很好的渊源。南非第一所私立高等学校南非学院后来演变为南非最著名的开普敦大学。南非的公立和私立大学积累了丰富的合作办学经验。政府对此持肯定态度。合作办学充实了高等教育的资源，促进了高等教育的学术繁荣，为黑人降低了进入高等院校的门槛。合作办学主要体现在

---

① Commission of Enquiry into Higher Education andTraining, *Report of the Commission of Enquiry into Higher Education and Training to the President of the Republic of South Africa*, (South Africa: Government Printers, 2017) p. 23.

以下几个方面：其一，私立高校为公立高校提供远程教育、函授教育和社区辅导站的功能；其二，为公立学校学生代办注册并承担学历教育课程的教学；其三，近年来，私立院校在职业教育方面与科技大学合作密切。其四，一些语言类的私立学校为外国留学生补习英语，承担了大学预科教学的职责。在合作形式上，结合私立高校自身合法的教学计划，按照公立高校教学内容向学生提供教学服务。合作领域主要有专业合作、服务合作和教学科研合作。私立高校的学生也可依靠合作关系获得公立学校的注册资格。这种资格对于那些不能通过严格考试进入公立高校的黑人学生无疑是一大帮助。但是，此举也带来一些诟病，个别私立高校以此作为营利手段，破坏了公平教育的原则。对此，教育行政部门已加紧规范和整顿。此外，合作办学使公立高等院校的独立学院从中获利。过去，政府对合作办学项目的私立高校学生提供补贴，在执行中发现此项政策漏洞颇多，监控难度较大，为了保证国家能将有限的高等教育资源留在公立高等教育的主渠道内，南非政府规定，只对合作办学中连续就读三年以上专业课程的学生提供补助。

南非政府在高等教育领域为维护国家利益而层层设防。外国高等教育机构在 20 世纪 90 年代大量涌入南非。在遭遇南非政府严格的注册制度审查和甄选后，大多数外国投资者举办的私立高等院校选择了离开。在被撤销的私立高校中，包括已注册的澳大利亚关联债券学院和英国的蒙特福特学院。只有少数符合要求的学院以其研究水准和规范的校园设施通过了注册，其中有澳大利亚的莫纳什（南非）和擅长 MBA 教学的英国亨利管理学院。南非政府对外国在南非举办的私立高等院校的名称也有明确规定，即不得随便冠以"大学"的名衔。如莫纳什（南非）不能称作澳大利亚莫纳什大学南非分校。南非高教部认为，南非有自己的大学，不能把外国投资者举办的学校轻易地称为大学，以混淆视听。外国投资的学校只能以有限责任公司的名义注册登记。按照规定，莫纳什（南非）颁发的澳大利亚文凭必须在南非资格认证机构（SAQA）认证后方可在南非被认可。

南非对世贸组织的《服务贸易总协定》中有关高等教育准入的规定持抵触态度。南非政府担心外国大学的无序进入会破坏南非的高等教育体系，认为这是对第三世界国家教育资源的野蛮掠夺。为此，南非政府不屈服于世贸组织的谈判压力，不为外国教育机构提供"准入"，以保证转型发展中本国高等教育的权益。教育国际化只有在国家作为主体参与的情况下才能进行，南非不愿意以牺牲国家利益来换取所谓的"教育国际化"。

南非政府对私立高等教育加强管理的同时，还要求私立高等院校加强自身管理。私立高等院校在高等教育变革中优胜劣汰，培养和造就了一大批优秀的管理者，其中不乏黑人管理精英。私立高等学校在一定程度上弥补了公立高等学校的不足，为国家输送了国家建设急需的人才。这些学校提供了以职业技能为主的证书，扩大了自身生存空间，同时积极地回应了社会经济的需求。当然，私立高等学校在南非经济日渐衰退的大背景下，如何克服困难，走出运营困局，仍是投资者和管理者所面临的棘手问题。

五　在校生

《南非国家高等教育计划》的一个具体目标，就是将 18 ~ 24 岁年龄组的高等教育参与率提高到 20%。扩大学生人数和改善黑人获得高等教育的机会被视为克服种族不平等、创造稳定社会的关键，也被视为培养推动经济发展所需的高水平人才的先决条件。南非的大学被要求招收更多的少数种族群体的学生，并建立一个更能准确反映南非人口构成的学生比例。1993 年，近一半的学生是白人，40% 的学生是非洲黑人，6% 的学生是有色人（混合种族），7% 的学生是印度人。到了 2005 年，白人学生占比缩减至 25%，非洲黑人学生占有率增长到了 61%。自 1999 年以来，由政府资助的国家学生资助计划（National Student Financial Aid Scheme，简称 NSFAS）发挥了积极作用，使经济上处于不利地位的学生获得了更多受教育的机会。①

第三节　职业教育单位及其相关机构

自 1994 年以来，新南非政府制定并实施了一系列教育体制改革。1997 年，南非教育部发表了《高等教育转型白皮书》。2009 年，南非教育部一分为二，设立了高等教育与培训部（DHET）和基础教育部（DBE），分别负责高等教育和职业教育及培训和中小学的基础教育。包括职业教育与培训在内的南非教育事业自此进入了一个新的发展阶段。在新的架构中，学后教育与培训从多头管理转向统一由高等教育与培训部负责，整个学后体系包括：公立大学（主要是职业大学和综合大学）、公立职业技术教育培训学院（TVET），也包括继续教育与培训学院

---

① The Department of Higher Education &Training, *Statistics on Post – School Education and Training in South Africa*, (South Africa: Government Printers, 2018) pp. 23 – 28.

（FET）、公立成人教育中心（并入新成立的社区大学）、私立学后机构（注册私立继续教育与培训学院以及私立高等教育学院，也被命名为职业技术教育培训学院）、行业教育与培训局（Sectoral Education and Training Authorities，简称 SETAs）和国家技术基金（National Science Foundation，简称 NSF）、负责学后教育体系资格认证和质量保证的监察部门——南非资格认证机构（SAQA）和质量委员会（Quality Council）。此外，南非还有很多公立的学后机构，由几个国家政府部门管辖，主要功能是（但不仅是）培训公共服务的工作人员。还有一些机构由省政府和市政府管理。高等教育与培训部通过质量委员会间接地负责这些学院的教育与培训质量，并确保这些单位所提供的资格认证已经注册。

　　在政府行政手段的强力推动与体制内外机构的有效融合下，南非职业教育与培训的改革取得卓越的成效，在管理体制、相关立法与学制特色等多个方面发生了翻天覆地的变化。2002 年，南非教育部正式重组，将原有的 36 所高等学校（21 所大学、15 所理工学院）合并为 14 所，将原有的 157 所技术高中合并为 50 所。[①] 目前，除了总体负责管辖的高等教育与培训部和基础教育部之外，南非的 9 个省份各有所辖的教育部门，分别执行来自国家的政策与措施，以确保本省的职业教育与培训、基础教育与大学教育获得稳步而有效的发展。2010 年，南非的基础教育系统由 12644208 名学生、30586 所学校和 439394 名教师组成。[②]

---

① 王琪：《南非新版高等教育资格框架（HEQSF）的主要内容与启示》，《中国高教研究》2014 年第 3 期，第 15 页。

② *Photographic Image*，Education. gov. za.　https：//www. dhet. gov. za/ Retrieved 27 August 2017.

2009 年，高等教育和培训系统由高等教育机构的 837779 名学生、公立继续教育与培训机构的 420475 名学生和公立成人教育和培训中心（Adult Basic Education and Training，简称 ABET）中心的 297900 名学生组成。① 2013 年，南非政府将国家预算的 21% 用于教育，大约 10% 用于高等教育。②

提供职业教育与培训的教学机构主要有三种类型：一是职业技术教育培训学院（FET 或 TVET）；③ 二是社区教育和培训学院（简称社区学院）；三是高等技术学院④。具体结构如图 1-1 所示。

职业技术教育培训学院（FET 或 TVET）学制三年，属于完成义务教育阶段、接受高等教育前的教育阶段，学生毕业时参加高中技术证书考试和高级技术证书考试，并可取得国家资格框架体系中的 4 级证书，成绩优秀者可进入高等技术学院继续学习。职业技术教育培训学院源于南非最早的技术高中，自 2003 年全国 152 家技术高中完成重组合并之后，职业技术教育培训学院便开始招收完成九年制义务教育的初中毕业生，并将之作为最重要的职业教育方式，主要为南非经济发展提供中级技能培训，设三

---

① "Archived copy", archived from the original on 27 September 2013, https://www.dhet.gov.za/, retrieved 2 May 2013.

② "Archived copy", archived from the original on 27 September 2013, https://www.dhet.gov.za/, retrieved 2 May 2013.

③ The Department of Higher Education & Training, *Rules and Guidelines for the Administration and Management of the Department of Higher Education and Training Technical and Vocational Education and Training College Bursary Scheme for* 2017, (South Africa: Government Printers, 2018) p. 89.

④ 侯丹丹：《南非技术高中教育改革研究》，辽宁师范大学 2014 年硕士学位论文，第 74 页。

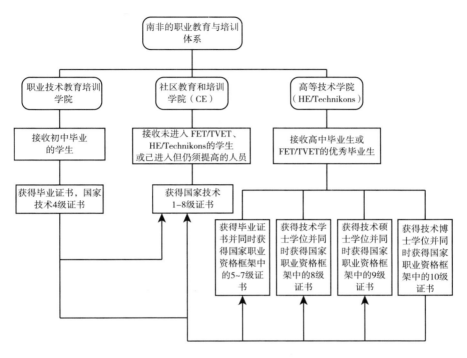

图1-1　南非职业教育与培训体系图

资料来源：The Department of Higher Education &Training，*Statistics on Post - School Education and Training in South Africa*，（South Africa：Government Printers，2018）p. 29。

门必修课程和六个领域的专业课程：必修课程包括语言、数学和物理；专业课程主要包括六个专业领域的课程（工程建筑、医疗、旅游与酒店、商业与管理、艺术与实用研究领域）。[①] 2013年，职业技术教育培训学院学生总数约为65万名，2015年增至100万名，2030年则增加至250万名。

　　社区学院的前身是公立成人教育中心（Public Adult Learning

[①]　蔡连玉、苏鑫：《南非基础教育质量提升的途径及其启示》，《比较教育研究》2014年第12期，第60页。

Centers，简称 PALC），是根据南非 2014 年颁布的《学后教育和培训白皮书》（*White Paper for Post-school Education and Training*）规定而建立的社区教育和培训学院，主要面向没有资格进入职业技术教育培训学院（或大学）的学生，或者是面向在职业技术教育培训学院和大学教育中已经获得机会，但希望能够进一步提高学习能力、提高就业能力的学后青年人。社区学院是南非扫盲与全民教育的重点机构。南非社区学院建设采取分阶段方式，计划先试点 9 所社区学院，在积累了充分经验后再普及全国。① 目前，南非已经建立了 9 所社区学院，每个省份有 1 所。同时，在 9 所社区学院中，有 3279 所成人教育和培训中心（ABET），其主要目的就是解决由于初中教育质量过低以及辍学所带来的严重的社会问题。2013 年，借助国家资格框架制度而构建的终身学习系统，极大地推进了南非教育的全民性。通过在社区学院的学习，学员可以获得针对在岗技能培训的国家职业资格框架中的 1~8 级证书。② 南非政府承诺，至 2030 年，将把参与社区教育和培训的成年人人数增加到 100 万。

高等技术学院又称理工学院，起源于 20 世纪初，原为提供职业技术培训的中心，现发展成为高等教育机构。1967 年，南非通过《高等技术教育法》规定了理工学院教授高等技术的课程。理工学院主要面向高中毕业后有志于从事职业技术的优秀毕

---

① The Department of Higher Education &Training, *White Paper for Post – School Education and Training*：*Building on Expanded，Effective and Integrated Post – School Education*，（South Africa：Government Printers，2014）p. 36.

② The Department of Higher Education & Training, 2008 *National Qualification Framework ACT*，（South Africa：Government Printers，2018），p. 12.

业生以及继续教育与培训学院的优秀毕业生。学生获得毕业证书需要 3 年时间，而且同时要获得国家职业资格框架中的 5～7 级证书；要获得技术学士学位需要 4 年，而且同时要获得国家职业资格框架中的 8 级证书；要获得技术硕士学位需要再加 2 年，而且要同时获得国家职业资格框架中的 9 级证书；要获得技术博士学位需要再加 3～5 年，而且同时要获得国家职业资格框架中的 10 级证书。为了培养大批高端技能型人才，目前南非政府大力鼓励并支持综合大学和理工学院的发展，为以职业为导向的继续教育和培训项目提供高等教育衔接课程以及优质远程教育课程。

第四节　南非职业教育的管理体制

1994 年，新南非的成立终结了种族隔离制度，南非职业教育与培训管理获得了巨大进展。首先，南非对于职业和技术人才进行了准确详细的分类。在管理体制方面，南非表现出了两大特色：一是建立标准，形成了完善的质量控制体系与资格标准体系，并将此融进国家资格框架；二是形成了公立与非公立职业教育与培训并行发展的局面。此外，作为南非独具特色的职业培训部门，行业教育与培训局为支持南非职业教育与培训的发展做出了不容忽视的贡献。

一　职业分类与应用技术型人才界定

根据南非对本国职业分类的标准，职业人员分为 9 大类和 1 个特殊的类别。9 大类分别为：高级官员和管理人员、专业人员、技术人员和专业助理、职员、服务人员及商店和市场销售人员、熟练工人、工艺及相关行业的工人、机械设备的运营商和制造商、体力劳动者。1个特殊类别指武装部队和无业者。1986年，由南非全国人力委员会主持，在人力资源研究所（IMR）与政府各部门的协作下，第一版南非职业分类标准发布。随着就业市场化的日益凸显，南非职业分类标准第二版基于联合国职业分类标准（ISCO－1988），在第一版的基础上进行了修订。南非职业分类标准将职业类别分成了10大类，而且除第1类和第10类之外，分别进行了技能级别的规定（见表1－2）。

表1－2　南非职业类别对应人员分类及技能级别

序号	职业类别	技能级别
1	立法会议员、高级官员和管理者	无技能水平参考
2	专业人员	4 级
3	技术人员和专业助理	3 级
4	职员	2 级
5	服务人员和商店销售人员	2 级
6	渔业熟练工	2 级
7	工艺和相关行业的工人	2 级
8	厂房和机器操作员和装配工	2 级
9	体力劳动者	1 级
10	武装部队以及其他职业未定者	无技能水平参考

资料来源：笔者自制。

南非职业分类非常周密。该结构主要包括以下几个层次：9个专业组以及1个特殊专业组、30个亚专业组、151个小类、643个单元组，并在单元组的基础上再进行详细的技术专业区分，而后进行层层分解。南非将应用型技术人才的概念定义为："在物理科学、生命科学和社会科学等领域通过掌握一定的技术和方法，运用一定的经验完成相应的任务，其中包括技术服务以及监管工人实践和操作的人员。"同时，南非职业分类中将技术人员和专业助理分为 4 个亚类：自然科学专业技术人员、生命科学和健康助理、教学助理专业人员、其他专业技术人员。此外，还有 25 个小团体和 79 个单元组。

二 应用技术型人才培养体系

（一）科技大学

南非的科技大学提供的是职业定向教育，换句话说，就是一种在经济全球化氛围中，为满足工业和商业的高级需求所特别设计的教育形式。这种教育的实现手段是实践导向型和结果导向型的叠加，即学生毕业后可以立即从事专业工作和生产。在南非高等教育体系中，南非的 15 所技术学院代表了一个高度互动和具有创新性的环节。技术学院校长委员会（CPE）指出，技术学院的教学宗旨是："与私立及公立教育部门相结合，提供并促进高质量的职业技术教育，服务南非乃至世界的发展需求。"19 世纪下半叶，随着南非开采业和铁路运输的发展，技术教育开始引起人们的重视。20 世纪初期，工商业的快速发展引起技术人才的短缺，南非政府意识到发展技术教育的重要性，开始创办高级技术教育学校。1978 年，南非教育部指出，技术人员的培训必须与大学教育区别对待，并拥有与大学平行的资格。1979 年，高等技术教育学校正式更名为"技术学院"（Technikons）。1980 年，在技术学院的基础上，南非建立了 7 所黑人技术学院。1994 年之前，由于高等教育双轨制的传统，南非的大学与技术学院并行发展，但是技术学院处于较低的层次。1994 年之后，随着教育改革的推进，普通教育与技术教育的差距不断缩小，学术与应用、知识与技能之间的界限也逐渐淡化。随着社会经济的发展，人们对教育公平和提高教育质量的呼声不断高涨，在多方面调查论证的基础之上，2001 年南非开始启动大学合并计划，2005 年合并工作基本完成。综合性大学在传统大学和技术学院基础之上应运而生，这是将技术学院与传统大学双轨制合并的勇敢尝试。同时，技术学院升格为科技大学，并拥有博士学位的授予权。通过技术类学位的颁发、技术学院的升格等种种手段，高等技术教育逐渐获得与普通高等院校同等的地位。

2005 年，高校合并基本完成之后，南非高等教育机构从 36 所减少至 23 所，其中 6 所科技大学，既授予学位也提供职业文凭。2005 年，6 所科技大学总入学人数达 146590 人（占比 20%）（见表 1 - 3）。截至目前，南非科技大学的招生人数超过 19.5 万人（占 27%）。[①]

表 1 - 3　理工大学招生情况（2005 年）

大学名称	学生数量(人)
开普半岛科技大学	28964
中央科技大学	10319
德班科技大学	22704
曼古苏图科技大学	9860
茨瓦内科技大学	57586
瓦尔科技大学	17337

资料来源：The Department of Higher Education &Training, *Education White Paper*3：*A Programme for the Transformation of Higher Education*，（South Africa：Government Printers，2006）p. 112。

---

① S. McGratha, S. Akoojee, "Education and skills for development in South Africa：Reflections on the accelerated and shared growth initiative for South Africa," *International Journal of Educational Development* 55（2007）：31 - 38.

科技大学的生源一类是取得了高中毕业证书但未能获得大学入学注册，且符合高级技术课程入学要求的学生；或是取得了高中毕业证书，也获得了大学入学许可，但希望学习高级技术课程的学生。另一类学生则来自中等技术学校，这部分学生完成了N1～N3水平的课程（N3课程是针对中等技术学校而开设的课程，中等技术学校有N1～N6不同程度的课程，完成N6的课程后，再进行与之相关的2年实习，可以获得国家文凭，相当于高中毕业证书，可以直接就业），且通过了英语和阿非利加语水平考试，被认可达到了高中毕业的同等水平。在新的国家高中毕业证书体制下，高等证书课程录取的最低要求是，拥有普通和继续教育与培训质量保障委员会认可的国家高中毕业证书；而高等文凭课程录取的最低要求是，拥有国家认可的高中毕业证书，且至少4门课程的成绩达到3级水平。

　　南非存在两种课程论的争议，即学科论和学分积论。学科论把师生关系看成师徒关系，学生是可塑的学徒，能获得专门的知识；学分积论主张课程的模块化，强调学生应获得一定的技能，提倡学分交叉以及学科成果的迁移。从长远的角度来看，学分积论和课程的转换将是南非教育发展的大方向。基于历史的原因以及国家社会文化、语言、宗教和种族的多样性，南非高等教育机构不得不进行多样化方面的变革。例如，索尔塔技术学院的核心课程提供了文化多样性的模块，在课程的选择上注重培养学生多方面的兴趣；在教学过程中以人为本，尊重个性的差异。科技大学的主要教育目标是使毕业生具有较强的适应能力且能立即从事生产活动。因此，科技大学在教学内容、教学方法等方面，注重社会实际需要和与企业的联系，使教学与实践紧密结合，按照市场的需求设置课程。同时，科技大学注重信息通信技术在高校教学中的应用，重视信息技术对南非现代化发展的重要意义，其课程设置也日益国际化。与此同时，在课程设置方面，由过去传统的单一课程向跨学科课程方向发展，主要表现在根据学习目标设置学位，并注重跨学科课程的建设。

南非科技大学的学位课程主要是：4 年制技术学士课程、5 年制技术硕士课程、6 年制技术博士课程。学生在高中毕业后的继续教育阶段，完成 2 年的学习可获得技术文凭以及相应的证书，完成 3 年的学习可以得到高等技术证书。此时，学生可以进入学习分流阶段：一种选择是取得国家文凭或拥有同等条件之后，申请国家高等文凭课程，如果具备相应的工作经验，还可以申请继续教育文凭课程。另一种则是在此基础上继续学习 1 年，可以获得技术学士学位，即高中毕业 4 年后可获得技术类的学士学位；在获得技术类的学士学位之后，再进行为期 1 年的相关研究可获得技术硕士学位；要获得技术博士学位，则至少要在获得技术硕士学位的基础上再做 2 年的研究（见表 1 - 4）。

表 1 - 4　南非综合性大学与科技大学学制表

综合性大学		技术类大学	
学士学位	3 年	毕业证书	3 年
荣誉学士学位	1 年	学士学位	1 年
硕士学位	1～2 年	硕士学位	2 年
博士学位	2～4 年	博士学位	3～5 年

资料来源：作者自制。

（二）综合性大学

南非综合性大学是 2005 年大学合并后产生的一种新型院校，

主要由原先的技术学院与其他高校进行合并而成。设立综合性大学的目的是：建立学术研究和职业技术教育相交叉的新体系，从而扩大入口（入学率），增大出口（就业率）。虽然南非的综合性大学主要侧重学术理论研究，但是，院校合并之后，不少技术学院并入了大学，相关的课程也进入了综合性大学，因此综合性大学也通过高等技术类课程培养学生的应用技术能力。世界著名大学之一的开普敦大学就是南非一所综合性的大学，目前拥有2万名学生，有6个学院：商务、工程和建筑环境、健康科学、人文、法律和理工学院。开普敦大学所设课程有商务科学、商业学、电子和计算机工程、电子机械工程、生物、环境科学、信息技术、数学、物理和统计科学等。该校商学院工商管理硕士专业实行全日制授课，推行标准化的教学模式。专业课程设计从个性和专业两方面对学生的能力进行培养，同时，通过特色鲜明的实训培养学生的综合素质。其教学原则之一，就是以标准来解决和落实实际问题，为学生创造运用所学知识的机会。

目前，科技大学与综合性大学的界线日趋模糊，如位于南非东开普省的开普半岛科技大学就是南非最年轻、发展最为迅速的一所科技大学，同时，也可算作一所综合性大学。该校开设了财经类、法律、工程技术、管理、环境、农林等20多个专业，成为南非应用技术型人才培养的实验高地。

（三）私立职业高等教育机构

私立高等教育部门主要由高等教育机构（大学）以及继续教育与培训机构（培训学院）组成。这两种机构都必须在南非高等教育与培训部登记注册。一些机构被认可具有博士学位授予权，而另一些机构则只能提供部分资格或没有在南非国家职业资格框架中注册的课程。① 此外，一些私立成人学习中心能够提供包括识字培训、基本培训，以及包括提供有关培训证书和高级证书在内的一系列教学课程。私立教育机构涵盖营利性和非营利性机构、独立机构和公司机构，其中既有提供高质量教育的机构，也有一些教育质量不高，甚至存在欺诈和违法行为的机构；既有拥有几千名学生的大型教育机构，也有学生人数不到100人的小型机构。有些教学机构在南非经营，但是归外国机构所有（这些机构有可能是该国的公共机构）。私立机构的资金有各种来源，包括客户合同、业主资本、公司或行业教育与培训局（SETA）的培训预算和捐助资金等。南非私立高校大多分布在人口稠密、经济发达的省份，并位于城市的中心地带。② 2003 年，提交认证的 217 个私立高校教学项目在学科设置上具有明显的职业倾向，主要集中在以下一些学科：商业管理、营销和公共关系、旅游和酒店、建筑、制造、制图和服装设计、信息技术、传媒、教育和培训、宗教、香薰治疗等。南非私立高校类型主要包括神学院、学院、学校、职业学院。此外，南非比较权威的培养中心分为以下 4 大类：跨国院校（Transnational Institutions）、特许学院（Franchising Colleges）、职业技术教育培训学院、公司课堂（Corporate Classrooms）。③

① The Department of Higher Education &Training, *White Paper for Post - School Education and Training：Building on Expanded, Effective and Integrated Post-School Education*, (South Africa：Government Printers, 2015) pp. 28 – 29.

② M. Cosser, A. Kraak et al, "Further Education and Training (FET) Colleges at a Glance in 2010", *FET Colleges Audit* 34 (2010)：73.

③ The Department of Higher Education & Training, *Green paper for post-school education and training*, (South Africa：Government Printers, 2012) p. 42.

从南非私立高校的 4 种类型可以发现，私立高校源于 4 种不同的路径，其中职业技术教育培训学院的建立，其实就是当地教育对职业预备和职业资格的需求所做出的积极回应。可以说，南非私立高校的发展回应了国家社会经济发展的需要，反映了劳动市场的紧迫需求。从一定程度上来说，私立高校的发展对公立高等教育领域应用技术型人才的培养起到了辅助和补充的作用。

（四）校企关系

南非校企之间联系密切，学校注重对学生实际应用能力的培养，将教学与实践紧密结合，并设有课程设置委员会，聘用企业人士加入委员会，按照企业需求设置相应课程。与企业建立的众多合作研究项目直接反映在大学的课程设置方面，因此，学校所培养的学生对技术性工作具有很强的适应能力。学校还把"培养学生具有企业家的技能和素质"作为重要的教学目标之一，使学生毕业后能够有较好的发展前景。同时，部分科技大学将自己的规划与工业调研计划联系起来，这直接反映在科技大学专业的设置和课程教学方面。

南非的科技大学将专业设置与企业紧密结合，充分体现了学校回应社会市场的迫切需要，努力为社会培养大量应用型人才。例如，成立于 2002 年的德班科技大学，原先为德班技术学院，学校开设的专业有：商业管理、公司管理、成本与管理会计、金融信息系统、食品饮料管理、食品与消费学、园艺、信息技术、建筑技术、生物技术等。科技大学在课程设置方面注重与实际应用相结合，直接为企业培养人才，因此在教材编选与课程设置中纳入了让学生动手实验的环节，用以提高学生实际的动手能力和社会适应能力。同时，科技大学的研究方向和调研计划直接涉及企业的生产和经营，因而科技大学的毕业生不仅能够成为好雇员，还能够担当中小企业好雇主这一重要角色。

三 融进国家资格框架，形成完善的质量控制体系和资格标准体系

南非是一个多语言、多民族的国家，过去推行的种族隔离政策导致普通民众很难接受教育，黑人受教育的机会与白人相比，更是天壤之别。自新南非成立以来，尽管在立法的引导下，南非政府整合了各种教育机构，也确立了相对公平的教育资源分配机制，但在教育评估与认证体制中，仍然存在不少难以解决的问题，特别是在 2002 年以前，按种族划分的考试类型及资格认证制度造成南非多数黑人学生成绩的低优秀率和低进步率[①]，严重制约了南非大多数学生接受继续教育的机会。

（一）国家资格框架的形成与实施过程

在国家职业资格颁布之前，南非继续教育与培训学院实施的是国家证书课程（National Accredited Technical Education Diploma，简称 NATED）。尽管国家证书课程有许多优点，但并不足以满足民众认知能力发展和综合学习的需求，并导致理论与实践的分离，因为学生的素养、计算能力和生活技能等未能受到充分的重视。为了解决这一问题，南非出台了一系列政策文件，详细规划和设计了国家职业资格［National Certificate（Vocational），简称 NCV］的内容，并逐步在全国范围内推进和实施。2005 年 8 月，南非教

---

① 谷屿、张文华：《南非教育中的评价和资格认证体制》，《外国教育研究》2002年第 4 期，第 25 页。

育部门起草了《继续教育与培训职业资格》［*Further Education and Training Certificate*（*Vocational*）］文件，并向社会公开征求意见。幸运的是，南非教育部门收到了来自政府部门、企业、地方教育部门、国家教师联盟、继续教育与培训学院以及其他组织与机构的若干建议。[①] 2006 年 3 月，南非出台了《国家职业资格：国家资格框架 2 ~ 4 级资格》［*National Certificate*（*Vocational*）：*Qualification at Level 2 to 4 on the NQF*（Government Gazette No. 28677 of 2006）］，国家职业资格正式公布。文件详细规定了国家职业资格的项目标准与规范、获得证书的学习内容与要求、考核评价方式等。2007 年，南非出台了《继续教育与培训学院在国家资格框架 2 ~ 4 级实施国家职业资格项目》的文件，要求职业院校逐步取消旧有的国家证书课程。[②] 2007 年 9 月，南非发布了《国家职业资格获取要求的修正案》［*Approval of the Amendments to the Certification Requirements of the National Certificate*（*Vocational*），2007（Government Gazette No. 30266 of 2007）］，对《国家职业资格：国家资格框架 2 ~ 4 级资格》中有关学生证书获取要求部分进行了一定的修订。2010 年 3 月，南非高等教育与培训部又发布了《正规继续教育与培训学院在国家资格框架 2 ~ 4 级实施国家职业资格的项目方案》［*Formal Further Education and Training College Programmes at Levels 2 to 4 on the National*

① The Department of Higher Education & Training，*Delivery Agreement* 5：*A skilled and capableworkforce to support an inclusive growth path*， （South Africa：Government Printers，2010）p. 13.

② The Department of Higher Education and Training，*Amendment to the Determination of the Sub – Frameworks that Comprise the National Qualifications*，Framework. http：//www. saqa. org. za/docs/policy/determination_ amend. pdf. p. 7.

Qualifications Framework（*NQF*）〕，对国家资格框架 2 ~ 4 级的土木建筑工程、电力基础设施建设等 17 个国家职业证书项目进行详细说明。① 至此，国家职业资格框架正式形成并逐步试行。

目前，南非国家资格框架由三个层次构成，分别是普通资格框架、继续教育与培训职业资格框架以及高等教育资格框架。职业证书资格共分 10 个等级，其中，1 ~ 4 级属于普通资格框架和继续教育与培训资格框架，分别为普通证书、初级证书、中级证书和国家证书，1 级及以下属于普通教育阶段，2 ~ 4 级属于继续教育和培训阶段；5 ~ 10 级属于高等教育资格框架，分别为高等证书、文凭与高级证书、学士学位与高级文凭、研究生文凭与学士学位、硕士学位与专业型硕士学位、博士学位与专业型博士学位。即 1 级普通证书对应于学校系统中 10 年以下的职业教育；2 ~ 4 级证书对应于学校系统中 10 ~ 12 年、涵盖了高中或中职阶段的职业教育；5 ~ 7 级证书对应于学校系统中的高职阶段的职业教育；8 ~ 10 级证书对应于学校系统中的硕士及博士阶段的职业教育。②

换言之，普通资格框架阶段是南非的义务教育阶段，属于第一级别阶段，每个 15 岁以下的孩子都必须进入学校完成这一阶段的学习，获得国家资格认证框架中的 1 级证书。继续教育与培训职业资格框架阶段是指普通高中或同一级别的职业高中或职业技术教育阶段的 10 ~ 12 年级，属于第二级别阶段，两者共同属于国家资格认证框架中的 2 ~ 4 级。高等教育资格框架是进入高

---

① SAQA, *Level Descriptors for the South African National Qualifications Framework.* http：//www. saqa. org. za/docs/misc/level_ descriptors. pdf.

② 朱守信：《南非继续教育体系的结构改革探析》，《继续教育研究》2012 年第 3 期，第 89 ~ 90 页。

职或本科后的高等教育与培训阶段，即第三级别阶段，获得国家
资格认证框架中的 5～10 级证书（见表 1－5）。

表 1－5　南非国家资格证书与职业证书对应表

教育阶段	资格框架层次	对应年级	国家资格证书		职业证书
			层次	名称	
高中阶段以下	第一层次	R－9	1	普通证书	职业证书（第 1 级）
高中及中职阶段	第二层次	10	2	初级证书	职业证书（第 2 级）
		11	3	中级证书	职业证书（第 3 级）
		12	4	国家证书	职业证书（第 4 级）
高职及本科阶段	第三层次	13	5	高等证书	职业证书（第 5 级）
		14	6	文凭与高级证书	职业证书（第 6 级）
		15	7	学士学位与高级文凭	职业证书（第 7 级）
硕士及本科技术学士阶段		16	8	技术学士学位	职业证书（第 8 级）※
		17、18	9	硕士学位与硕士学位（专业型）	
博士阶段		19、20、21	10	博士学位与博士学位（专业型）	

注：南非职业资格框架（OQF）中职业证书目前仅有 1～8 级。

资料来源：https：//en. wikipedia. org/wiki/Education_ in_ South_ Africa。

（二）南非国家职业资格的内容

国家职业资格是南非国家资格框架的重要组成部分，其内容
主要包括入学要求、项目与课程、考核评价、资格认证等四个方
面。南非国家职业资格具有入学要求突出职业发展性、项目与课
程突出应用性、考核评价注重多元性、资格认证彰显权威性等特
征。借助于资格框架，国家职业资格有效地促进了学历教育与职

业资格的衔接。行业协会和职业院校有效参与职业资格鉴定，促进了"双证"制度的落实。专业质量保障机构保障了职业教育与职业资格证书的质量。

南非国家职业资格框架构成的要素主要包括：资格等级与入学要求、学科领域与课程设置、考核评价与资格认证等四个方面。对学生的入学资格要求、项目设置、基础课程与职业课程的设置以及学分要求、考核方式、资格的获取认证等方面做了详细的规定。《国家职业资格：国家资格框架 2～4 级资格》从证书、学历、课程等几个方面对资格 2～4 级的入学要求进行了规定。进入国家职业资格 2 级学习，必须具备下列条件之一：①获得 9 年级证书；②获得成人教育与培训 1 级证书；③获得国家资格框架 1 级前的学历认证；④获得与国家资格框架 1 级同等资格；⑤具有按照国家资格 2 级项目方案实施的其他衔接课程。进入国家职业资格 3 级学习，需要具备下列条件之一：①获得国家职业资格 2 级认证；②获得国家资格框架 2 级同等学力的认可；③具有按照国家资格 3 级项目方案实施的其他衔接课程；④获得国家资格框架 2 级的同等学力。进入国家职业资格 4 级学习，须具备下列条件之一：①获得国家职业资格 3 级认证；②获得国家资格框架 3 级同等学力的认可；③具有按照国家资格 4 级项目方案实施的其他衔接课程；④获得 11～12 年级的学历认证，这是南非教育体系外的学习者进入 4 级的最基本要求。从入学要求可以看出，南非国家职业资格既可以是学习证书，也可以是职业资格证书。①

---

① Ben Parker, Shirley Walters, "*Competency Based Training and National Qualifications Frameworks: Insights from South Africa,*" *Asia Pacific Education Review* 9（2008）: 70 - 79.

如进入 2 级可以凭 9 年级证书，也可以凭成人教育与培训证书，充分体现了学历与职业资格的衔接，也体现了终身学习的要求和精神。同时，学习者每上升一级都必须要有以前一级的资格作为基础，如进入 3 级学习必须具备 2 级资格或同等资格，这充分体现了学习者专业（职业）发展的知识衔接以及教育体系的连续性。

自 2007 年继续教育与培训学院实施国家职业资格以来，资格项目逐年增加。2007 年仅设立了 11 项，2011 年增加至 17 项，2014 年增加至 19 项。项目涉及农业、工业、金融、教育、法律、健康等 12 个行业领域，这些领域与南非经济发展密切相关。同时，项目设置和课程设置充分突出了职业应用性。[①] 在上述 19 个国家职业证书项目中，每个项目的学习内容都由基础课程和职业课程两部分组成。基础课程属于必修课程，也是学习其他职业课程的基础，主要有语言、数学或数学素养、人生导向课 3 门课程，其中语言是 11 种官方语言中的一种，学生根据教学需要选择；职业课程是获取职业资格的课程，每个项目有 4 门职业课程，其中 3 门是与资格所属专业密切相关的必修课，另外 1 门可从推荐选修的其他学科中选择。在课程的学分分配上，7 门课程中除人生导向课为 10 学分外，其他课程均为 20 学分，资格的总学分为 130 学分。

南非国家职业资格项目学习的评价包括内部过程性评价（Internal Continuous Assessment，简称 ICASS）和外部评价（External Assessment）两个方面。内部过程性评价，是院校对学生学习期间的学习档案材料实施的评价（所有的内部评价证明

---

① The Department of Higher Education and Training, *Amendment to the Determination of the Sub - Frameworks that Comprisethe National Qualifications Framework*. http：// www. saqa. org. za/docs/policy/determination_ amend. pdf. p. 15.

材料都在档案袋中，这些档案可以被随时查看、审核与验证），主要以项目测试、作业、调查、角色扮演、案例研究等方式证明学生知识、技能、态度与价值观等方面的内容。外部评价主要是在教育部门规定的时间与框架内，通过书面评价与实践评价两种形式来实施。书面评价通常以试卷考试的方式进行，由教育部门出题与批阅，由普通教育、继续教育与培训质量保障委员会审核。实践评价通过综合总结性评价任务（Integrated Summative Assessment Task，简称 ISAT）实施，该任务由教育部门设定并通过外部检查认证。综合总结性评价任务仅仅应用于职业类课程，可以评价一门职业类课程，也可以将三门职业类课程置于同一个任务中进行评价。基础课程与职业课程都必须接受内外部评价，并按照内部与外部、理论与实践相结合的评价方式进行，其中 3 门基础课程的内部评价由理论与实践部分组成，外部评价主要为理论考核；4 门职业课程的内部评价与外部评价都由理论与实践考核部分组成。实践考核的重点在于评价学生将理论应用于实践的能力。[1]

内部考核与外部考核的综合得分为学生的最终考核结果，根据成绩，基础课程考核结果分为优秀、一等、二等至不合格七个等级。职业课程考核结果分为优秀、高度熟练至不合格等五个等级。评价等级一方面可以激励学生，另一方面也可以让他们找到更加适合自己的学习等级。

南非国家职业资格由普通、继续教育与培训质量保障委员会

---

① Ben Parker, Shirley Walters, "*Competency Based Training and National Qualifications Frameworks: Insights from South Africa*," *Asia Pacific Education Review* 9 (2008): 81–83.

组织认证。质量保障委员会下设四个业务部门：评价与认证部、资格证书与课程部、质量保证部、统计信息与研究部，分别在首席执行官监管下开展工作。质量保障委员通过对课程与资格进行评价，确保达到预期标准。通过对评估进行审核与评定，确保资格获得公平、有效与可信。通过对教育与培训提供者进行鉴定与授权，同时开展信息统计与研究、验证证书的真实性等，确保教育质量。通过上述一系列的评价、认证与保障，质量保障委员会从各方面保障了国家职业资格的含金量。

四 行业教育与培训局

南非约有 430 万失业人口，其中大部分人没有受过或受过很少的技能培训。每年有超过一半的高中生辍学，从而未获得在任何经济行业中工作所需的基础技能。同时，还有多达 7000 名大学毕业生找不到工作。2000 年以前，南非共有 33 个产业培训委员会，几乎覆盖全国所有的行业。原则上，这些委员会的责任是"教育与培训"，实际上却把工作重心放在了培养学徒上，而对于确保学院课程质量则漠不关心。南非议会意识到了完善技能发展的重要性，1998 年制定了《技能发展法案》（*Skills Development Act*），为行业培训与教育体系做出了明确定义。究其本质，此番规划的目的就是建立清晰的国家技能发展战略，在其框架中开展一系列行业技能培训计划。

2000 年 3 月，南非劳动局成立了 23 个行业教育与培训局，并明确规定了每个局涵盖的行业和下属行业。每个行业有多种与经济息息相关的活动。举例来说，某个行业教育与培训局会跟银行业打交道，某个行业教育与培训局则处理健康和福利事宜。无论是私有还是国有企业，每一个企业都能找到对应的行业教育与培训局。与过去的培训委员会不同的是，行业教育与培训局注重培养学生的领导能力，并关注实习、单位技能学习项目和学徒培养。行业教育与培训局的权利和关系范围也比培训委员会大得多。根据《技能发展税法案》（*Skills Development Levies Act*），行业教育与培训局的主要职责，就是向各个行业的用人单位征收技术税，并用这些税款来资助这些行业开展教育与培训工作。这些税款被分配给用人单位、培训机构，并以补助金和奖学金的形式发给学习者。

2009 年，南非高等教育与培训部部长马雄高纳（Thabo Mashongoane）宣布，高等教育与培训部将承担此前由劳动部管控的技能发展职责。他指出行业教育与培训局的表现、管理和行使职权的方式都不尽如人意，而且很多与技能发展相关的资金需求并没有得到满足。因此，在工业政策行动方案确定之后，高等教育与培训部将努力行使技能教育职能，支持该方案实施。2010年 4 月，马雄高纳公布了新的行业教育与培训局组成和《国家技能发展战略》草案，并计划在 2011 年 3 月至 2016 年 3 月期间实施。新组成保留了原来的行业教育与培训局中的 15 个，并在原有的基础上通过融合、重组建立了 6 个新的行业教育与培训局。改组后的行业教育与培训局共有21 个。

五　公立与私立职业教育与培训并行发展

在南非，"私立学校"一词指的是在传统国家或公共教育体系之外以某种方式运作的所有学校。这是一个非常广泛的定义，包括各种各样的私立学校，从传统的教会附属学校到非宗教的进步学校。1995 年《豪登学校教育法》第 6 条、1995 年《北方省学校教育法》第9条和1995年《姆普马兰加学校教育法》第8条均将私立学校简单地定义为"公立学校以外的学校"①。自18世纪始，南非的私立教育一直是南非有组织教育体系的一部分，与公立学校并行发展。1994年新南非成立以来，南非的私立继续教育获得长足发展，成为南非公立学校开展继续教育的有效补充。毋庸置疑，南非的公立教育是保证整个国家与社会教育公平和机会均等的重要手段，起着基础性和根本性的作用。私立教育虽然在数量与质量方面获得了大力发展，但始终只是作为公立教育的必要补充，时刻起着填补公立教育发展空缺和不足的作用。

教育是代际流动和社会阶层再生产的重要途径之一。随着教育消费竞争的加剧，边缘化群体接受有质量的公立教育等涉及教育公平的问题成了南非国家和社会的百年大计。除了公立与私立教育并行发展外，近年来南非引入了公私伙伴合作方式发展公立基础教育，以消弭公立教育和私立教育发展的鸿沟，进一步推进教育公平。在私立学校受追捧而公立学校日渐冷落的境况下，推行公办民助的合办学校不失为突破困境的有效路径，一方面有利于提升公办学校的竞争力，另一方面有利于为贫困群体创建优良的教育环境。南非公私合作办学的试点项目由西开普省政府推动，适应了全球化背景下促进教育均衡发展的时代诉求。2015年，南非西开普省开始探索引入公私伙伴关系机制，建立了5所免费学校作为试点。这5所学校分别是奥兰杰克洛夫小学、快乐谷小学、艾斯特维尔小学、兰戈高中和斯里卡瓦高中。在西开普

---

① M. Mabizela, "The evolution of private provision of higher education in South Africa," *Perspectives in Education* 20 (2002): 41 – 53.

省教育厅的主导下，这 5 所学校公办教师的身份不变，严格执行入学免费且不选择生源的基本原则，成了首批公私合作办学的试点学校。合作学校得到了千年信托、诺亚盟校、米歇尔与苏珊戴尔基金会以及默里信托的支持，但学校本身仍然属于公办教育体系。2016 年，西开普省赋予教育部门相应的权利——可以将任何学校划转为公私合作学校。2017 年，西开普省教育部门举行新闻发布会，着重介绍了公私合作学校所取得的成效，并计划将合作学校的数量扩展至 50 所。2018 年，根据西开普省教育议案，修订了 1997 年制定的西开普省教育法。西开普省学生的高考表现在整个南非一直名列前茅。从南非基础教育部 2018 年 3 月公布的各省及全国平均师生比来看，西开普省的中学和小学的师生比高于南非全国平均水平。

（一）南非私立教育现状

公立学校与私立学校的办学宗旨主要在于更好地推进国家教育与提升教育质量，但在具体办学目标与办学标准上仍然存在很大的区别。私立学校比公立学校拥有更多的自主性和更好的教育资源，私立学校的学生在阅读量上表现得更好。与公立学校相比，私立学校具备更多办学自主权与办学灵活性，近年来在办学数量与学生数量上获得飞速发展。据统计，2016 年，南非 90%的学生（包括学前、义务教育及高中与大学阶段）参加并接受了公立学校的教育，10%的学生参加并接受了私立学校的教育。其中，31.1%的学前教育学生就读于私立学校（见表 1 - 6）。[1]

---

[1] The Department of Higher Education & Training, *Education Series Volume Ⅲ*, *Educational Enrolment and Achievement* 2016 —*Statistics South Africa Report* 92 - 01 - 03, (South Africa：Government Printers，2016) p. 78.

表1-6　2016年南非公立与私立学校学生数据（按地区分类）

地区	统计	公立学校			私立学校		
		男性	女性	总人数	男性	女性	总人数
城区	数量	4556471	4630195	9186665	883970	922362	1806332
	百分比	49.6%	50.4%	100%	48.9%	51.1%	100%
传统部落	数量	3710109	3669585	7379694	162560	184291	346851
	百分比	50.3%	49.7%	100%	46.9%	53.1%	100%
农场	数量	279894	278104	557998	30422	27775	58197
	百分比	50.2%	49.8%	100%	52.3%	47.7%	100%
其他	数量	8546474	8577883	17124357	1076952	1134428	2211380
	百分比	49.9%	50.1%	100%	48.7%	51.3%	100%

资料来源：The Department of Higher Education & Training, *Education Series Volume III*, *Educational Enrolment and Achievement* 2016 —*Statistics South Africa Report* 92 - 01 - 03, （South Africa：Government Printers, 2016）p. 79。

（二）南非私立继续教育现状

新南非政府的建立为南非教育领域的开放奠定了坚实基础，私立继续教育培训院校的数量以及就读学生数量迅速增加。1995年南非颁布《南非资格署法》（*South Africa Qualification Authority Act*）之后，因获得自主授予学生文凭和学历的资格而获得飞速发展的动力，私立学院开始脱离边缘地位。南非人文科学研究中心（Human Science Research Center，简称HSRC）的调查显示，约70%的私立继续教育机构是在新南非成立后10年内建立的。[①] 同时，2016年在南非200万名高中后教育学生中，78.3%的学生就

---

① 朱守信：《南非继续教育体系的结构改革探析》，《继续教育研究》2012年第3期，第89页。

读于公立院校，21.7%的学生就读于私立院校。①《继续教育与培训法案》（*Further education and training act*）第六章详细陈述了南非政府对私立继续教育学校的相关要求。法案明确规定，只有在国家有关部门正式注册后，私立继续教育机构才能正式开展教育工作，而且只能进行职业教育领域的教育工作。国家成立专门的注册机构，为申请机构或申请人员提供免费的私立职业教育机构资格审查与注册服务。审核材料主要包括申请机构的固定资产证明、国家资格局的质量认证以及非歧视性招生的书面承诺等，用以判断是否符合办学条件并帮助予以注册。当前，南非各种私立继续教育机构名目繁多，呈现多样化的治理结构。尤其是宗教类私立学校机构，通常拥有由多个权力级别组成的治理层级。

南非私立高等教育通过借助与公立高校的伙伴关系得到了蓬勃发展，提供的服务多半聚焦在职业教育与培训两个方面，包括一些小众化培训以及对残疾人的特殊教育服务。这些私立高教机构提供的教育在一定程度上弥补了公立教育的缺失。据有关机构预计，私立职业教育和高等教育的入学总人数 2030 年将达到 50万人左右。

（三）南非私立继续教育与公立继续教育的关系

其一，相对于公立学校严格按照国家统一规定的管理模式进行考试和颁发资格证书的情况，私立学校在证书及考核等多方面具有多元性与弹性。在培训项目和教育对象方面，两者也有不同的侧重点。公立学校一般注重传统行业领域的教育培训需求，私

---

① The Department of Higher Education & Training, *Education Series Volume Ⅲ*, *Educational Enrolment and Achievement* 2016 —*Statistics South Africa Report* 92 – 01 – 03, （South Africa: Government Printers, 2016）p. 88.

立学校则从最大化营利的准则出发、以市场利益为驱动，着重关注新兴行业的继续教育，并全力将办学集中在需求量大、培训成本低的领域，特别是集中在当前新兴的电子商务和信息技术行业。相对于公立学校更多针对年轻人的职前教育培训项目，私立学校更热衷在职继续教育的角色，倾向于为大龄在职人员提供培训服务，培训内容和种类也更具多样性。

其二，公立学校与私立学校之间是一种相互补充的关系。南非私立继续教育能够迅速发展，一方面得益于政府教育政策逐渐趋于开放，另一方面是因为公立学校教育难以快速适应市场变化的步伐。私立继续教育学校规模不大，更能适应新的行业和市场变化，能够最大限度地实现利益和效率的最大化。公立学校由于受到体制的约束，教学项目和课程方案由国家统一主管和控制，不可能在短时期内进行较大的调整和改变，难以对瞬息万变的人力资源市场做出快速的反应。

公立学校有着严格的学制、学时要求，而私立学校可以不依照国家规定的学制体系运行，能够更多地集中于短期临时性的阶段性培训，更加灵活地根据市场变化调整教学内容和课程结构，因而办学效率普遍高于公立继续教育学校。但是，私立继续教育的快速发展并不意味着其会取代公立教育的地位。私立机构对南非职业教育与培训的发展做出了一定贡献，有效地弥补了公立教育缺失的一面。值得注意的是，私立学校教育质量的监控责任主体尚不够明确，培训质量时有参差，常常存在资格证书滥发的现象，因此私立学校不可能代替公共机构成为教育和培训体系的主体。根据《南非资格署法》，南非政府计划持续优先发展公立教育资源，为广大成年人提供更高质量的教育与培训服务。

第二章

南非高等教育与职业教育面临的挑战

第一节　南非高等教育面临的挑战

一　历史遗留问题

在南非，进入大学的黑人学生在教育、种族、阶级、财政以及其他资源方面都处于弱势地位。1994 年，尽管南非教育体制进行了彻底的改革，但是由于缺乏优质教师、缺少教科书和学习时间，特别是在教学环境差的学校，黑人学生在学校中的表现不很理想。虽然南非政府为他们提供了更多接受高等教育的机会，但是黑人学生通常仍只能在教学资源薄弱的学校就读，而且他们并没有把学习视为成功所必需的"文化资本"。在高校中黑人学生辍学的较多，其主要原因是：课程选择不当，社会环境差，温饱得不到满足以及家庭拮据。2015 年 10 月，南非的 18 所大学爆发了"校园起义"，这是自种族隔离制度结束以来最严重的一次学潮。骚乱从校园蔓延到社会各界，总统祖马不得不亲自介入调停。进入 2016 年之后，学校骚乱还在继续，南非教育中存在的问题暴露无遗。

在高等教育入学人数的绝对比例中，黑人学生的占比有了极大的提高，然而适龄黑人青年的高等教育入学率仍然很低。尽管近年来黑人学生的毕业率、专业分布等状况有所改善，但是教育公平的目标还远没实现，黑人学生的处境仍然十分糟糕。首先，由于初等和中等教育过程中尚未实现完全的公平，再加上黑人学生学业准备不足，使符合高等教育入学条件的黑人学生数量增长极为有限，而有机会进入高校学习的学生又因为基础知识掌握得较差而面临学业困难。这种情况导致黑人学生在专业选择方面的弱势十分明显。其次，黑人学生占比很大的传统弱势高校自身管理不善，出现严重的生存危机，政府也无力注入足够的资金加以扶持，无法在短时间内解决教育资源公平的问题，很难利用现有的资源培养更多优秀的人才。总之，高等教育公平的深层次问题还有待进一步解决。

二　令人担忧的入学率和毕业率

高等教育体系的改革对入学率并没有产生明显的影响。在18～24岁的年龄段中，只有11%的黑人青年和7%的有色人种青年有机会上大学，这主要是因为他们在教育质量较差的中、小学就读。工人阶级社区脆弱的经济和文化状况，与国家的教育改革进程格格不入。因此，尽管1994年后南非教育改革有着良好的意图，但实际状况却是，通过教育产生的社会分化仍在增长。

低毕业率成为南非高等教育发展面临的重要问题，毕业率也是衡量南非教育公平程度的重要标准。毕业率较低的原因主要是学生难以支付高额的学费，贷款门槛不断提高，以及高等教育发展的不稳定性，导致黑人学生毕业率过低。此外，黑人学生接受的初、中等教育水平不高，使他们进入高校后学习的起点很低。南非政府必须将高等教育的有效性放在首位，实现教育公平，为更多的人提供接受高等教育的机会，才能保证学生的毕业率和学业成功率。

三　失衡的教育价值链

高等教育、中等教育和初等教育的相互依赖是南非面临的最大挑战之一。一个区域的功能障碍通常会波及另一个区域。这种功能性的障碍大多是 1994 年前种族隔离制度留下的后遗症。南非按种族划分为实体区域，与城市化的多种族主义的自然动力背道而驰。农村地区缺乏资源，无论是在经济发展还是在教育方面，资源短缺产生的影响至今仍然存在。学生之间的技能和知识存在巨大差距，阻碍他们在高等教育中获得成功。

南非所面临的挑战就是必须提高整个价值链上的教育质量。许多中学和小学缺少应有的设施和合格的教师，必须提高这些学校的教育质量，才能让更多的人做好接受高等教育的知识准备。中等教育与高等教育之间也存在差距。[①] 1994 年之后，由于急于解放黑人，南非政府让各族学生立即进入以前被禁止进入的高等教育机构接受教育。但是，新教育制度的制定者低估了诸多潜在的挑战，这些挑战导致黑人学生进入高校后第一年的辍学率极高。例如：来自弱势家庭的黑人学生缺乏资金和学习意愿，根本无法抓住接受高等教育的机会。此外，进入白人学校的黑人学生

---

① K. Ramdass, *The challenges facing Higher Education*,（South Africa: University of Johannesburg Press, 2006）p. 8.

在适应大学生活方面也遇到了极大的挑战。讲课是用英语进行的，很少有黑人学生在此之前接受过以高标准和高节奏英语所教授的课程，也很少有黑人学生能够达到用第二语言或第三语言写论文所需的语言水平。

除了这些语言和经济方面的挑战，黑人农村学生大多对多元社会认识不足，因此，在许多方面更加困难重重，这是富有的白人城市同龄人所感受不到的。并不是消除了种族隔离制度，种族优先权不复存在了，一切经济和社会问题也就会随之自行解决了。帕瑟（Pather, S.）认为，对大学一年级学生进行概况分析将有助于形成一定的制度经验，这是学术规划过程中一个应该考虑的重要因素。[①] 而且，南非高等教育的通过率很低，甚至低至22％，三年学制的普通学士学位毕业率在世界上排名最低。高等教育转型利益相关者峰会（2010年）强调了许多亟须关注的领域，希望最大限度地为学生提供成功机会。因此，南非当局必须首先了解学生在大学第一年的学习和社会经验；其次，要尽可能地降低高辍学率和低通过率。

政府应提高对学校教育质量的关注度，教育质量较低与教师流失率高，与南非教师短缺密不可分。如果教育机构希望解决教师资源的供给问题，就必须了解学生选择教师行业的主要动机。实际上，很多学生之所以选择师范类专业，是因为他们没有更好的选择，换言之，他们选择教师行业，只是把其当作人生道路上

---

① S. Pather, "Crisis in teacher education in South Africa: the need to interrogate first-year student profile characteristics," (paper represented at Students Transitions Achievements Retention & Success) Conference., Crown Conference Centre, Southbank, Australia, 1–4 July 2015), p. 21.

的权宜之计，并非出于真正热爱这一职业或教师职业本身所具有的吸引力。① 南非教育工作者的薪酬低，这种情况已经导致最好的教授和研究人员的流失，这也使实现南非高等教育机构转型的目标难以实现。中、小学教育与大学教育之间相互依赖，农村地区贫困对教育产生的破坏性影响、一年级学生面临的学业困难、一流师资的短缺，所有这些都使得南非高等教育的改革与发展步履维艰。

四 高校之间的巨大差距

为了追求南非高等教育的公平发展，南非政府实施了一系列优化高等教育的财政措施，虽然有所成效，但是受制于有限的经济增速，政府对高等教育的投入难以有很大的提高，而且，高校之间的财政状况差别很大。一部分传统优势高校通过吸引外部赞助，提高了自身的科研和服务能力，其通过征收学费等途径得到的收入远高于政府的投入。然而，弱势高校在这方面就没有什么办法了。由于经费来源单一、对政府投入的依赖程度较高、自主创收水平相对较低，弱势学校与优势高校之间的差距不断扩大，高等教育资源不公平的状况越来越严重。②

针对南非高等教育过程中的不公平现状，在高等教育机会越来越大众化的趋势下，大力推动高等教育公平化具有十分重要的

① M. Walpole, "Economically and educationally challenged students in higher education: Access to outcomes," *ASHE Higher Education Report* 33 (2007): 70.

② C. Wolhuter, "South Africa: worldwide educational reform programme telescoped into an instant time space," In Wolhuter, C. C. and HD Herman, H. D. eds., *Educational Reform in Southern Africa: Prospects for the new millennium*, (South Africa: Potchefstroom University Press, 2010), pp. 6–7.

意义。南非政府不仅要加强法律法规和教育政策的制定，而且要更加注重这些公平性政策的实施，才能有效地纠正不足之处。南非高等教育公平的实现将是一个长期的历史发展过程，当务之急就是通过不断改进现有的教育制度、政策、法律和法规，将各种不利因素对高等教育的影响降至最低，使高等教育不断完善、发展，不断地接近公平。随着南非国内经济的发展和社会的进步，高等教育的公平对南非国家的整体发展将发挥巨大的推动作用。

第二节　南非职业教育面临的挑战

一　种族歧视与不平等现象

自 1994 年以来，南非政府在消除种族歧视方面采取了许多切实可行的措施，在学生的种族和性别平衡方面做出了巨大贡献。然而，在南非的教育机构中，基于性别、种族和社会阶层的歧视仍然普遍存在，消除各种歧视仍任重而道远。《学后教育与培训绿皮书》指出，南非的教育体制延续了以往的隔离制度，在农村地区和前班图斯坦（Bantustan）① 地区尤为明显，这些地区在基础设施、教学设施和师资方面与白人学校存在着天壤之别。进入白人学校上学的黑人学生仍遭遇种族歧视之害，女学生也时常受到男权的压迫和性骚扰。由于教育体制最初设计的服务对象是来自有特权背景的学生，使一些相对贫穷的学生根本无法

---

① 班图斯坦制度又称黑人家园制度，是南非政权为推行种族隔离政策对南非班图人实行政治上彻底"分离"的制度。

适应。与城市相比，在农村地区接受教育的机会非常有限：一些只有临时户口的居民常常无法得到应有的教育；大多数残疾学生无法被学后教育与培训机构录取，而且整个体系缺乏可满足残疾人需求的设施与合格的工作人员；成人教育总是被边缘化或被忽视，而且无法为希望提高职业技巧的人提供专业培训。

种族隔离教育制度剥夺了南非黑人接受教育的机会。虽然新南非成立以来，南非黑人接受教育的状况有所改善，但是，种族隔离和殖民主义的遗产仍旧困扰着教育和培训系统。根深蒂固的、棘手的不平等问题仍然决定着社会的贫富模式，决定着正规教育的分配模式，从而决定着家庭教育的分配模式。因此，无论是招生数量和招生能力，还是教育与培训的种类，都必须得到进一步的发展。为了满足各种学生和工作人员的需要，教育与培训机构必须进一步推动差异化、多元化机制的构建。在大学入学模式中，性别和种族不平等是显而易见的。尽管在过去的十几年当中，在大学就读的黑人学生和女学生人数急剧增加，但在科学、工程和技术以及商业专业领域中，女性的人数仍然不足。在本科课程方面也存在着很大的种族差异，而且黑人学生的整体流失率居高不下，黑人学生和女研究生的毕业率明显低于白人。例如，2008 年，45% 的博士毕业生是黑人，只有 41% 是女生。这意味着她们在这一层次代表性很低。多数大学的教职员工仍然是白人和男性。2006 年，62% 的学术人员是白人，42% 是女性。[①] 这些不平等模式要求南非政府采取果断行动，扩大女生和黑人就读的

---

① The Department of Higher Education & Training, *Report on the Stakeholder Summit on Higher Education Transformation*, (South Africa: Government Printers, 2010) p. 78.

机会。大多数残疾学生在教育和培训部门仍然受到歧视。除了在进入方面对残疾人的歧视，这些机构在很大程度上也没有考虑残疾学生的特殊需要，未将他们需要的支持作为教学内容的一部分加以考虑。面对残疾学生的各种需要，教育机构以及整个系统必须做出回应。这意味着南非政府必须要分配额外的资源。尽管南非学后教育与培训已经取得长足进展，但还是有很多年轻人无法获得所希望的教育和培训。年轻人深受经济结构和后学校制度的影响。这些制度使他们中的许多人没有工作，也没有接受任何教育或培训的机会，根本无法进入劳动力市场。因此，青年的需要仍然是南非教育主管部门所应关注的重心。大多数 18～24 岁的人所接受的教育，对他们未来的福祉和对社会的贡献至关重要。农村地区的年轻人和其他人面临着特殊的挑战。这些问题与学后机构的分布不均有关，广大农村几乎得不到任何培训机构的支持和帮助。① 此外，就所提供的基础设施和教育标准而言，现有的规定一般质量较低。要深入解决这些积重难返的问题，就必须进一步扩大农村青年人接受学校教育和培训的机会。

二　质量与数量的不足

教学质量和数量以及教学多样性的不足是南非继续教育与职业教育所面临的主要挑战之一。对于那些在早期阶段离开学校、未能获得国家高级证书或不符合高等教育入学和选择标准的成人来说，接受再教育的机会少得可怜。几乎没有现成的办法来帮助

---

① The Department of Higher Education & Training，*White Paper for post school education and training*，（South Africa：Government Printers，2014）p. 45.

他们重新获得错过的学习机会。对于寻求职业或职业资格的人来说，除了高校，几乎没有其他的选择。国家没有足够的财政资源使大多数离校者，包括入学学生，能够成功地进入学后机构。目前，每年进入普通大学的学生大约是接受职业教育培训人数的三倍。这种"倒金字塔"是职业教育的一个主要问题，也导致了南非劳动力的严重缺乏。虽然存在类型和规模的区别，但高等教育机构、继续教育机构和成人教育机构都面临着容量的不足，继续教育系统遭遇的制约因素很多，其中包括：无法吸收越来越多的学生，学生通过率不高，有时机构身份不明确，人力和基础设施资源匮乏，财政资源不足，对学生的财政援助不足以及筹资方式不当，等等。残疾学生的入学机会就更加有限，被录取之后获得的经济支持也非常有限。

在教学质量方面，很多教育机构（并不是所有的）的教学质量存在严重问题。总之，行业教育与培训局、国家技术资金以及技术体系的工作尚不尽如人意。教育质量较低的原因很多，基本都与政府和机构本身的管理、教学、课程、质量保障、基础设施、校际合作以及校－厂合作等方面存在的问题相关。要想改善现状，就必须重新评估现行战略，重新审视愿景，重新制定任务的优先等级，并规划在新形势下的前进方向。

具体来说，职业教育质量与数量的不足主要表现在以下几个方面。

其一，职业技术教育培训学院和继续教育学院在实力和规模上不足。2010/2011 学年，共有 326970 名学生参加了国家职业证书（NCV）、191 门课程以及南非国家高等教育与培训部的学习计划。2011/2012 学年，入学人数为 359000 人。这一数字仅略高于大学生总入学人数的 1/3。继续教育与培训学院（FET）虽然在种类与覆盖面上占据优势，但除个别外，大多数机构的实力都较为薄弱。以目前的办学实力，这些学院既不能吸纳更多的学生，也不能达到基本的教学水准。职业培养方案还有待进一步完善，培养的劳动力还没有接受市场的检验。在学院内部，针对技术工人的培训曾经一度减少，但近几年再次出现了增长的趋势。学院在提供学徒制方案方面发挥着传统的作用，这些方案的课程尚未得到充分的更新和改进。过去，南非政府把各种管理职能下放给大学，是为了提高大学的反应能力和灵活性，但许多机构对此没有做好充分的准备。尽管权力下放在一些实力较强的大学起了很大的作用，但对于需要更多支持、实力较弱的职业培训机构却不大合适。资源的不平等、基础设施差、学生资助不足、工作人员能力水平低等问题，进一步加剧了这种机构之间的不平等。

其二，成人教育质量令人担忧。2011 年，共有 312077 名学生进入公共成人教育中心，这一数字与继续教育与培训学院（FET）入学人数大致相当。然而，学生的实际通过率却要低得多，只有少数成年人获得完整的通识教育和培训证书（General Education Training Certificate，简称 GETC）。这意味着大部分成年学生几乎没有进一步学习的可能。然而，我们也应该看到，大多数学习者都是在职的，而且这些中心的教学质量很低。这种状况在一定程度上源于若干政策干预、计划资源不足。在许多情况下，这些中心既没有明确的人才培训计划，也没有全职工作人员，教学员工都是通过短期合同雇用的，培训质量自然也就难以提高。

其三，教育资金、资助不到位。目前的供资方式给整个职业与继续教育系统带来了各种挑战。对于高等教育部门来说，资助是为了在大学之间实现更大的公平。然而，从目前的情况来看，这一目标并未得到真正的实现，即使是南非最富裕的大学也面临办学资金短缺的困境。但这些挑战与那些较贫穷的大学不可同日而语，尤其是与那些位于农村、前班图斯坦地区的大学面临的困境根本是两回事。在后一种情况下，资源短缺使得学校无法履行其主要职能，即为贫穷的农村学生提供良好的本科教育。黑人大学面临着严重的基础设施不足的挑战，包括图书馆和实验室不足、学生宿舍不足和质量低下等。这些问题尚未得到政府各有关机构的适当关注和支持。现有的资助模式偏向于以牺牲教学为代价的研究产出，这不利于研究密集度较低、教学挑战较大的机构。对于公立继续教育与培训学院（FET）和成人教育中心，资助标准的水平主要以学生入学数量为基础。这就使学院很难提前规划基础设施的建设，资金往往难以持续地投入学院的建设之中，从而使继续教育与培训学院（FET）在学生住宿和其他基础设施需求方面捉襟见肘。学院没有足够的资源来满足国家对中级技术和职业技术技能型人才培训的需要，而且来自财政、赠款机构的资金也很少能流入培训学院。税收补助机构则把大部分资源花在以单元标准为基础的短期课程上，其中一些课程对提高劳动力技能并没有什么作用。2011 年 1 月发布的《国家技能发展战略》（*National Skill Development Strategy*）试图解决这一问题，要求教育机构应在公共学院或大学（特别是科技大学）的实质性课程上投入更多资金，以使更多的学生获得职业和专业资格。与此同时，在某些情况下，南非资格框架和质量保证体系的设计使人难以提供非正规方案，因为政策参照重点一直是正规资格和单位标准。该制度的某些部分可能导致本已很少的教育供应进一步减少，并导致非营利和以社区为基础的培训机构以及青年发展组织的普遍崩溃。对于许多提供以专业、组织或社区发展为目标的短期课程的供应商而言，很难将他们所进行的培训纳入单位标准，更不用说找到评估员对其进行评估，以及找到主持人和验证员对其进行协调和论证。这些组织很难获得办学资金，因为提供任何形式培训的人都必须符合质量保证体系的要求。对财政援助的需求超过了国家学生财政援助计划（National Student Funding Aid Strategy，简称 NSFAS）提供的数额。研究表明，25% 以上的大学本科生需要依靠财政资助，但这一需求并没有得到满足，虽然需求还在持续上升。目前南非政府必须解决主要问题：扩大接受财政援助的学生人数以及提高大学系统中受助人的援助数额。在过去两年中，大学和继续教育与培训学院（FET）中学生可获得的资源都有了大幅增加，但要实现免费教育普及到本科层次的目标，还有很多工作要做。

三　社会与经济挑战的转变

当今，南非政府的优先要务与民主统治初期相比大有不同。其中最为显著的就是长期困扰人民的失业、贫困，以及不公正所导致的结构性挑战，这引发了决策者和公民对政策的再思考。国家经济发展成为政府政策的优先任务，而教育与培训作为促进经济发展的重要因素得到了高度的重视。曼德拉曾经说过，教育是改变世界最有力的武器。南非政府对教育的重大意义有着清晰的认识，并不断谋求教育发展，促进社会公平正义，为青少年享有公平教育机会创造条件。南非教育改革需要有南非特色的解决方案，首先就是要打破教育成功有赖于家庭住址（暗示学生家长收入水平）的魔咒，应针对贫困群体创建更多高水平、有影响的学校，保障不同收入的家庭和人群都能享受高质量的教育资源，并在学习其他国家现有模式的时候避免照搬照套，特别要注意避免重复别人犯过的错误。在《国家发展计划》（*National Development Plan*）、《新增长路线》（New Growth Path，NGP）等重要政策文件中可以看出，南非政府在制定发展战略时着重强调了包容性增长和普遍就业的目标。继续教育与培训体系必须对此做出积极回应，尤其要在扩大技能与知识储备方面做出应有的贡献。如果这一目标能够实现，南非关键部门的经济状况将会得到大大改善，年轻人也会具备求职所必需的技能。

从 1994 年新南非成立第一年开始，南非政府就发布了一系列政策和法案，力图通过改变南非继续教育和培训领域的衰微状况，解决社会技能人才短缺的现象，实现职业教育与社会经济共同发展的美好前景。一系列改革措施的出台在一定程度上改善了南非职业教育与培训的状况，南非职业教育与培训获得长足进展，但职业教育与培训领域依然乱象重重。政策与制度制定部门太多给教育措施与教育制度的实施带来了意想不到的困难，造成职业教育中继续教育与培训政出多门，分离分层严重，职业教育与培训领域改革缓步不前，学生入学率基本没有太大的提升。1994 年，为了满足社会经济的发展，南非政府成立国家技能基金（National Skill Aid，简称 NSA），实施"技能开发计划""技能征税法""国家技能开发战略"等方案，并力图建立技能中心系统，通过技能预测模型来研究国家中长期技能人才需求，从而成为有效掌握劳动力市场的信息库，并及时调整职业教育人才的培养计划。1995 年，为明确南非发展职业教育与培训的目标与宗旨，通过颁布了《南非资格署法》，目的是成立南非资格署和实施国家资格框架。南非明确制定了未来三十年职业教育与培训体制改革的发展方向与发展体制，并将此法立为南非所有从事继续教育和培训学校的基本办学制度。

1998 年，为了正式引入国家资格认证框架，南非教育部颁布了《继续教育与培训法案》，将继续教育与普通教育纳入了同一资格认证框架，使南非国家资格证书与职业证书彼此对应，又相互融通。2001 年，南非教育部对南非继续教育学校进行了制度改革，将原有 152 所职业院校整合成 50 所综合学校和继续教育与培训学院。与此同时，南非政府颁布了《公立继续教育与培训学院新体制图景》（*A New Institutional Landscape for Public Further Eduction and Training Colleges*），该法案针对所有职业教育与培训学校，在招生结构、招生规模、课程设置与教学管理等多个方面进行了统一而详细的界定。2003 年，为了实施正规教育与继续教育学积分和转换制度，南非教育部颁布了《国家资格框架法》（*National Qualifications Framework Act*）。该法案进一步突破了以往的普通教育，特别是正规教育对继续教育学习成果认定的壁垒，使所有层次的学生或培训者在接受正规教育或各种非正规教育的不同教育体系中所获得的学习成果都能得到承认。此项法案极大地提升了南非辍学者、失业者、在职人员主动参与继续教育与培训的兴趣，在一定程度上改变了原本式微的职业教育与培训趋势。

为了解决职业教育政出多门、管理混乱的问题，政府将所有类型的继续教育纳入同一个体系进行统一领导，2012 年，南非公布了《学后教育和培训绿皮书》（*Green Paper for Post - school Education and Training*），并广泛征求社会各界的意见与建议，2014 年，对《学后教育和培训绿皮书》进行了修订并颁布了《学后教育和培训白皮书》。这一法案彻底改变了南非以往职业教育与培训中的管理乱象，实现了职业教育与培训领域中各个层次、各个机构间的相互调和、彼此配合与扶持。在《学后教育和培训白皮书》的前言中，南非高等教育与培训部部长强调指出，南非政府已决心将提高日趋下降的就业率作为头等大事，并保证政府各个部门尽其所能，增加就业机会，为公民构建持续稳定的谋生方式，让所有南非人在扩张就业的过程中出一份力，分一杯羹。高等教育与培训部及其下属机构是连接教育系统和工作单位的重要纽带，负责保证进入劳动市场的工作人员具备岗位所需的资格和能力。同时，随着经济的发展和转型，这些劳动人员的贡献将创造更多能够长期工作的机会。然而，虽然提高就业率是政府工作的重心，其他发展和转型目标同样不可忽视。不仅如此，只有大力推动转型议程，失业率才有可能被降低。如今，打开教育之门成了与《自由宪章》① 制定一样重要的大事。学后教育所面临的阻碍不再是区别对待不同肤色和种族的规章或立法，尽管种族隔离的遗毒仍然遍布全国，存在于众多与教育质量低下相关的问题当中。此外，年轻人为了求学、就业而与各种不利条件斗争时，也不得不面对这一历史遗留问题。因此，必须深入分析这一问题，从中找出根本性的症结所在并将其斩草除根。

---

① 《自由宪章》（*Freedom Charter*）是 1955 年 6 月在南非柯利普城（Kliptown）召开的南非人民代表大会通过的一项重要文件，该宪章是 1996 年《南非共和国宪法》的基石——编者注。

第三节　南非高等教育与职业教育的改革措施

一　《学后教育和培训白皮书》对南非教育与培训体制改革的指导作用

《学后教育和培训白皮书》（以下简称《白皮书》）的颁布正式开启了南非学后教育，即职业教育与培训体系建设和高等教育体系改革的新篇章。

（一）合理提出职业教育与培训改革发展的未来愿景

《白皮书》提出的继续教育与培训发展至 2030 年的未来愿景，就是将南非教育体系分为基础教育与学后教育两大模块。基础教育部负责南非义务教育，高等教育与培训部负责基础教育之外其他所有类型和层次的教育与培训，即学后教育机构体系。《白皮书》将职业教育与培训纳入高等教育与培训部管理范畴，并对其进行了合理分类与合并，提出了其未来发展的具体要求和战略目标。学后教育机构体系包括 23 所公立大学、50 所公立技术与职业教育培训学院、公立成人教育中心、私立学后教育机构、国家技能基金、南非资格署和质量委员会。作为一个有机的整体，学后教育体系要通力协作，为南非有教育和培训需求的个人和机构提供多样化的教育机会。①

---

① The Department of Higher Education &Training, *White Paper for Post – school Education and Training Building an Expanded*, *Effective and Integrated Post – school System*, （South Africa：Government Printers，2015）p. 31.

（二） 凸显职业教育领域改革的包容性和公平性

《白皮书》的实施凸显了南非职业教育领域改革的包容性和公平性。《白皮书》将基础教育后的所有教育形式（包括职业教育与培训和高等教育）统称为学后教育，并采用减免学费、扩大物理空间等方式使各个社会阶层人员，特别是社会弱势群体获得充分收益，包括黑人、女性、残障人士与农村人员等都得到了应有的政策倾斜和教育关怀。① 特别是针对残疾人士的教育需求，《白皮书》明确提出要建立全纳学校和得到充分支持的特殊学校，着重关照残疾女性和来自贫困家庭的残疾人，解决残疾人的职业教育问题，确保所有残疾人士根据其残障程度能在不同系统就读，并通过一个战略型政策框架系统，从学习、生活、文化、体育和住宿等方面关照残疾人士。

（三） 改善政出多门的管理乱象

《白皮书》颁布之前，南非教育行政部与劳动部两个部门共同管理南非职业教育与培训，经常政出多门，管理混乱。② 《白皮书》的颁布与实施很好地实现了条块化管理。包括职业教育在内的学后教育由高等教育与培训部一个部门统一管理，克服了管理混乱和信息不畅的现象，也给职业教育提供了高水平的学后教育体系支撑。职业教育与培训从原来的培训机构拓展至公司企业，使各类有需求的公司与企业自动成为职业培训机构

---

① The Department of Higher Education & Training, *White Paper for Post – school Education and Training Building an Expanded*, *Effective and Integrated Post – school System*, （South Africa：Government Printers，2015） p. 23.

② The Department of Higher Education & Training, *White Paper for Post – school Education and Training Building an Expanded*, *Effective and Integrated Post – school System*, （South Africa：Government Printers，2015） p. 43.

的有机组成部分，极大提升了继续教育与职业培训的实训机会与培训效果。

二　南非教育与培训体制改革的措施

在南非，职业技术教育培训学院面向的人群主要是希望接受职业培训或完成学校教育的辍学者，他们可能已从中学毕业，也可能没有毕业。学院扎根所在社区，为社区以及地区和国家的需要服务。学院的首要任务（但不是唯一任务）是为本社区和邻近社区成员提供教育与培训，为本地工业、贸易和公共部门机构培养技术技能型人才。这些学院所提供的技术培训应成为社区成员脱离贫困、实现个人与集体进步的途径。同时，学院也应该帮助社区满足其文化与社会需求。学院行业在学后教育与培训体系中占有中心地位，同时也是高等教育与培训部所属扩大化、多样化力度最大的部门。目前，虽然改革已获得巨大进展，但学院的招生数量仍然与大学不可同日而语。这对于实现培养大量有技术技能、受过教育的公民目标相去甚远，也不利于满足社会对于中等技术水平劳动者的强烈需求。学院体系的扩张主要以两类机构为基础：职业技术教育培训学院和社区学院。

（一）职业技术教育培训学院的改革

职业技术教育培训学院的主要目标是培训年轻的辍学者，为他们提供劳动市场所需的技巧、知识与能力。主要培养有助于南非经济发展的中等水平技巧，而且偏向工程类和工业建设、旅游和酒店，以及一般商务与管理方面的职业。从 2002 年起，152 所技术学院合并为 50 所规模更大的多校区机构，并被命名为教育与培训学院（Education and Training Colleges）。现在，这些学院再一次被冠以职业技术教育培训学院的名称。这一名称更好地反映了学院的性质，并更好地定义了其在多样化学后教育与培训体系中的角色。截至 2013 年，职业技术教育培训学院的校区数量达到 260 个。根据《继续教育与培训学院修正案》（*Further Education and Training Colleges Amendment Act*），这些学院受高等教育与培训部管理，从 2013 年起，这些学院第一次不是对各省负责，而是对国家政府负责。毫无疑问，这是一次重大的突破。

南非高等教育与培训部不但把强化并扩大公立职业技术教育培训学院作为优先要务，使之能够吸引辍学者，而且要使学习者的成绩斐然。2010～2013 年，入学总人数从 345000 人增加至 650000 人，预计 2030 年将达到 250 万人。强化这些学院的关键措施，在于优化管理，提高教学质量，增加与当地劳动市场的互动，加强学生资助服务以及发展教育基础设施。此外，教育培训与用人单位之间的合作关系也将在整个体系与院校两个层面得到强化。这种合作关系能使学院中的学生得到更多在实践中学习的机会，帮助完成学业的学生就业，并让学生定期接触工作环境，使他们掌握工业发展的最新动态。用人单位也应该在课程方面为学院系统以及各个学院提供建议，行业内的专家也可以在学院担任兼职教师，或者临时授课。在推广、促进学院与用人单位联系的过程中，行业教育与培训局将发挥重要作用。要让所提供的课程能够满足本地劳动市场的需求，或者符合行业教育与培训局、用人单位或政府为达到某些具体发展目标而提出的特别要求，学院就必须向差异化发展，形成多种多样的专业目标培训体系。

在南非，早期技术与职业教育培训学院中设立的项目和资格认证混乱复杂，难以管理，学生和家长也很难理解，其质量也无法得到保证。因此，对所有职业教育项目和资格认证都进行了重新审查并做出合理规划。按照计划，审查由高等教育与培训部和基础教育部领导，因为两者都提供职业教育项目。学院、用人单位以及其他相关单位参与这一过程。由于各所学院发展程度不同，为了最大化实现目标，必须对其进行分层干预和支持。对于实力较弱的学院，首先要使其转变为高效运转的机构；对于表现较好的学院，则要使其成为优秀人才培养中心，并推动这些学院不断寻求为学生和当地经济提供更多更好的服务，为其他机构树立榜样。但是，这并不意味着要把所有学院改造成千篇一律的样子，而是每所学校都应该因地制宜，形成自己的特色。

近年来，南非职业技术教育培训学院的扩招工作取得了显著成效，入学人数大大增加。这些学生参与的项目多种多样，且有全日制的学生也有非全日制的学生。从统计数据来看，在职业技术教育培训学院中学生的性别比例也不断趋向平衡，然而，有些性别差别仍然存在。比如，在办公室行政人员的培训中女性仍占多数，而在工程和建筑类学科中男性则占多数。但是，已有越来越多的女性选择后一类学科，职业技术教育培训学院中的总体性别比例趋于平衡，这意味着很多女性已把握住了民主制度带来的大好机遇。过去几年的时间里，南非教育得以发展的主要原因，主要是政府免除了学费，此外，贫困家庭的学生还能够得到交通或住宿补贴。未来，职业技术教育培训学院提供的补贴将继续增加，以便满足越来越多学生的需要。扩招需要建设更多的校区，学后教育机构较少的农村地区将成为该体系扩张的主要地区。南非政府计划在 2030 年之前，至少在每个地区都要创建一所职业技术教育培训学院。远程教育在职业技术教育培训的扩张中也会发挥越来越大的作用。

《白皮书》发布后，有人认为学院应该先实现稳定，并提高教育质量，然后再进行大规模的扩张。但是，南非高等教育与培训部指出，鉴于失业和失学人数过多，这种想法并不可行，南非必须从现在起就重视并大力扩招，同时关注提高教育质量。而且，由于很多学生将会参加学徒制、学工制等项目，在上学的同时也会在工作单位工作，因此政府有关机构人员、教职员以及政府官员对这一规划充满信心。

南非职业技术教育培训学院的主要目标，就是帮助学生进入职场或创业。因此，学生必须与雇主建立并保持密切的关系。学院与用人单位之间的合作将帮助学院为学生提供与工作相结合的学习机会。此外，教职员也应该多接触工作单位，以便了解行业发展的最新动态。用人单位则应该为学员提供课程方面的建议，并派专家在学院担任兼职或临时教师。这种合作关系对用人单位也大有益处，因为学生可以在学习的同时在校外兼职。在此期间，用人单位还能对实习学生进行评估，决定未来是否有可能将其转正。行业教育与培训局也应利用网络和资源，鼓励学院与用人单位合作。

学院成功的最重要指标就是提高教育质量，并最终表现在学生的成绩方面。为了实现这一目标，学院必须建立一支受过良好教育、有能力、专业知识强的教师团队。学院规模的扩大不应导致班级规模过大，以防教学质量被打折扣，讲师的数量必须随着学生数量的增加而增加。南非已经制定出关于学院职业教育者最低资格的标准。大学将为培训学院培养讲师，为提高后者的数量和质量做出重要贡献。虽然在过去几年时间里，办学情况已有所改善，但学院学生的毕业率仍然较低。为了保证学生能适应学院生活的要求并达到学习计划的要求，对学生的支持服务至关重要。这类服务包括学术支持、社会支持、帮助学生获得奖学金并完成学业、帮助学生找到工作单位等。目前，并非所有学院都能对学生提供有效的支持，即使能对学生提供支持的学院也常常没有将此当作重要事项。因此，南非高等教育与培训部将为此提供资金。每所学院都必须保证拥有足够的体育和娱乐设施，加强对学生的吸引力，并拓展学生在课程以外的视野。此外，职业咨询也应包含在学后教育与培训体系之内，以便提高学院职业指导水平，确保学生选择正确的专业学习和职业生涯。

目前，南非职业技术教育培训学院的住宿条件仍然有待进一步提高和升级。南非政府正致力于让学生在校园过上舒适的生活，并为其提供有利于学习的生活条件。未来，南非将制定最低学生住宿条件标准。必要的扩张也会被包含在政府总体基础设施建设规划中。学生住宿区应为学生提供有营养的食物，并且不收取额外费用。因为即使有的学生有用来支付饮食的费用，他们也很可能将这些钱用在其他方面或帮助贫困的家庭成员。这种行为虽无可非议，但对学生的健康和学业表现会造成负面影响。对于南非职业技术教育培训学院而言，投资模式必须强调促进行业增长和多样性的要求；投资准则要考虑到学院应大力扶持来自贫困家庭的学生，尤其是黑人学生；同时还应该对农村、城市以及处于不同发展阶段的学员区别对待。高等教育与培训部负责为教职人员、基础设施和学生支持服务提供资金。此外，没有达到补贴标准的学生所交的学费也应该有一部分被用于投资。学院管理者还应该积极开发其他资金来源。

学院理事会和管理层的领导作用至关重要，以确保整个系统朝着期望的方向转变。确保所有职业技术教育培训学院都能进行适当的管理和治理，是解决整个教育系统结构性不平等问题的核心任务之一。如果没有雷厉风行的、专业且积极的领导，将无法为每年进入学院的数十万青年提供他们所需的教育和培训质量，也无法确保学院的发展能够满足国家的需要。然而，目前南非职业技术教育培训学院的管理水平普遍不理想。虽然有一些学院表现得非常出色，但很多学院都没有达到必要的水平。根据《白皮书》的要求，南非教育主管部门对学院理事会和管理层领导能力的干预将会进一步加强。南非教育主管部门的注意力将主要集中在确保稳定以及学院向所需功能的转变，并对每个学院制定适当的干预措施，确保各学院教学质量的提高和管理水平的提升。校董会必须拥有更广阔的视野，并在其中发挥应有的作用。

此外，学院理事会成员必须充分了解国家政策和立法要求。在任命新的理事会时，每个学院必须提供适当的入职培训课程。南非高等教育与培训部制定了学院理事会章程，以指导理事会的日常工作。所有理事都必须遵守这一章程。学院高级管理人员要协助他们有效地履行职责，并为机构提供有效的服务。南非高等教育与培训部与学院和其他主管机构密切合作，新任校长和其他管理人员通常只有在具备适当的经验或经过管理培训的情况下才能被任命。在高级职位空缺的情况下，必须迅速予以填补，因为领导真空可能会对机构产生极为不利的影响。

许多大学面临的最大挑战之一是财务管理薄弱。南非高等教育与培训部将与南非特许会计师协会（South African Institute of

Chartered Accounts）进行合作，以确保在每个学院任命一名合格的特许会计师担任首席财务官。他们的作用是确保对学院财务进行适当控制，建立健全会计制度并对财务人员进行指导。南非高等教育与培训部还将确保为每所学院配备合格的人力资源经理。学院不能缺乏获得执行管理与学术职能最新信息的技术能力，应随时提供有关资格、学院财务状况、学生评估和登记、基础设施和设备，以及雇主对学院课程需求等方面的关键数据。对此，南非高等教育与培训部将为学院提供相关的支持。这些支持包括收集和使用数据的能力，以便监测机构和系统的运作情况，并与具有重要监测和评价职能的部门分享数据。

（二）社区学院改革

南非在寻求为成年人提供学习机会的道路上已经走了很长时间，包括 19 世纪末黑人知识分子学习圈和 20 世纪 20 年代共产党创办的工人夜校，还有由非政府组织、贸易联盟以及在 20 世纪七八十年代争取民族解放过程中起到重要作用的政治或宗教组织提供的成人普遍教育项目。这些努力让成年人获得了读写能力、算术能力和沟通技巧，还提高了他们的个人综合素质，反过来，他们又为社会变革和社会公正做出了贡献。根据这一传统，1994 年以后的教育与培训框架继续张开双臂，欢迎终生教育，认可人的一生应该不断学习，而且要以多种方式参与学习。因此，南非为了扫除成人文盲现象展开了多场运动，其中最为引人注目的是基础教育部推动的卡里古读写运动（Kha Ri Gude Literacy Campaign）以及为成年人提供基础教育的公立成人教育中心。很多由社区组织、贸易联盟、社会运动和政府部门运营的非正式社区学院和大众教育方案也为成年人提供教育。

然而，必须承认的是，学后成年人受教育的机会仍然不足，而且质量普遍不高。公立成人教育中心是唯一由国家出资支持的成人教育机构，这些机构的努力还远远不够。2011 年，南非共有 3200 所此类教育中心，覆盖人口大约为 265000 人。有些地方的成人学习中心，尤其是在豪登省（Gauteng）的成人教学中心，有自己的活动场所，一般设在因为学校合并或人口迁移而关闭的公立学校校址上，但大多数地方只能借用其他学校或社区中心等场所。这类机构通常颁发成人教育与培训（ABET）资格，包括普通教育与培训资格（GETC）和高级资格（Senior Certificate）。公立成人教育中心的教师大多是没有终身教职的兼职员工，各省此类机构的条件参差不齐。这种状况严重影响了长期规划，留给学生和教师的职业与学习发展空间十分狭小。大多数学生都是半工半读，因此学习进度相对较慢。由于公立成人教育中心侧重一般教育，通常难以吸引想要获得劳动与谋生技能的成年人，以及希望通过学习得到自我提升并为文化与社区发展做出贡献的人。

在南非，教育与培训体系必须想方设法满足上百万失业、失学和教育程度较低的成年人的需求。虽然大学和学院系统的扩张能起到巨大作用，但仍不足以满足所有的需求。况且，大学和学院的设计初衷并非为了满足这类人的需要，很多人的资质并不足以进入大学或职业技术教育培训学院学习。据统计，2011 年共有 320 万 15~24 岁的年轻人既不在工作状态，也不在受教育或培训状态。在 15~24 岁的人中，有 523000 人最高教育水平只有小学，将近 150 万人只有十年级教育水平。参加基础教育部的成人教育方案和一些在公共成人教育中心学习的人（主要为女性）经常得不到继续接受教育的机会。在这种情况下，不可能实现

《学后教育和培训白皮书》所提出的扩大教育规模的目标。另外，社区的很多要求尚未被现有的公立教育与培训机构满足，比如医疗服务、儿童抚养和保育、儿童早期发展、养老、预防艾滋病和其他疾病患者关怀、公民教育、社区组织、消费者新技术使用（比如查找资料或当地产品营销），以及从商品园艺到小规模工业品、艺术与手工制品制造等创业技能。因此，一种新机构必须得以建立并得到支持，它应能给无法进入职业技术教育培训学院和大学的人提供多样化的可能性。社区学院在这种情况下应运而生。这类社区学院十分了解社区的需要，其主要目标群是出于各种原因未能完成学业，或从来没有上过学的成年人。一所社区学院通常有多个校区，可将已有的几个公立成人教育中心整合成一个整体。社区学院将会提供充足的基础设施和大量全职工作人员，还能通过扩招和增加项目的方式在需要的地区增加校区，从而扩大办学规模。虽然社区学院属于公共学院，但也可以和社区所有的机构或私人机构（比如教堂或其他组织的教育与培训中心）达成合作关系。

社区学院将以公立成人教育中心目前所提供的教学为基础，主要拓展职业与技术发展项目和非正式项目。正式项目包括现有的普通教育与培训证书和高级资格项目，未来还将设立国家成人高级证书（NASCA）以及由行业教育与培训局或国家技术资金拨款的职业项目。社区学院要充分发挥非正式机构的优势，尤其要利用社区的敏感反应度，通过对公民和社会教育的重视来强化并扩大一般公民教育和社区教育。社区学院也将直接与扩展公共工作项目（Expanded Public Works Programme）、社区工作项目（Community Work Program，简称 CWP）等公共项目挂钩，以便公民获取技能和知识。这样的项目能为人们提供与工作融合的学习机会，而社区学院则为学生提供教室和以工作坊为基础的教学。行业教育与培训局在这类合作中扮演着至关重要的角色。起初，社区学院以面对面教育为主，但在未来，社区学院也将把信息和通信科技运用到教育领域，开放学习资源。从长远来看，高等教育与培训部将考虑在一所或多所社区学院中重点建设远程教育，以便为无法来到教室学习的成年人提供教育和培训机会。社区学院与其他学后部门之间的合作关系值得思考。比如，在社区学院中完成了职业课程的人，若想在职业技术教育培训学院里继续一般职业项目的学习，应该被予以准许。所有教育机构应该同心协力打造扩张、强化、多样化的学后体系。

南非高等教育与培训部将直接负责公共社区学院的建设。社区学院将由理事会管理，理事会将包括部长任命的人员和社区代表，也将有地方政府、其他学后教育机构和地方企业的代表。学院理事会将确保所提供的课程符合当地的需要，还将建立必要的机制，确保社区对这些机构提出的方案提供投入。每个社区学院的管理和行政责任将由南非高等教育与培训部指定的校长承担。关于治理和管理结构的细节将在试点过程结束后最终确定。南非高等教育与培训部认为，要使受教育者能够在学习、培训和发展方面取得重大进展，就必须确保社区学院提供的教育和培训具有良好的质量。这意味着大学必须选择合适和合格的成人教育者，后者是保证学生学有所成的重要条件。新的教育者必须接受培训，许多现有的成人教育者也必须接受掌握适合于教授成年人的方法的再培训。因此，南非高等教育与培训部将为成人教育工作者制定一项资格政策。该政策将描述适当的资格，并为这些资格制定最低标准。制定准则十分重要，必须承认社区内存在的能力和经验以及利用这些能力和经验来加强社区学院履行其任务的能力，特别是在非正规方案方面。随着社区学院的发展，南非建立了学习者支持服务，重点放在诸如职业和方案咨询、课外活动、财政援助、劳动力市场信息、社区信息以及与安置机构的联系等。南非高等教育与培训部、国家青年发展局和其他相关机构合作，确保在社区学院设立青年咨询中心和联络点。面对社区学院所面临的挑战，南非职业与继续教育培训研究院为社区学院提供了大力支持，包括有关课程和教学方法在内的重要问题。

（三）南非职业与继续教育培训研究院改革

职业技术教育培训学院必须扩大招生规模、增加教育项目并提高教育质量。目前，大多数职业技术教育培训学院的组织状态相对薄弱，发展过程遇到了难以想象的困难。此外，社区学院作为新兴类型，尚没有成功的经验可以参照。职业技术教育培训学院和社区学院必须与时俱进，对用人单位和社区的需要及时做出反应，以满足越来越多社会底层成年学生的需求。为了给这一过程提供必要的支持，高等教育与培训部希望建立一所能为职业技术教育培训学院和社区学院提供帮助的机构。这所机构被命名为南非职业与继续教育培训研究院。

这一提案在《白皮书》中出现后，很多人提出了质疑，认为此举有将体系复杂化，而且有消耗人力资源之嫌。但是，南非高等教育与培训部相信，建立这一机构是支持学院建设的必要举措。事实上，很多国家在这一方面都有过成功案例，如印度、韩国、瑞典和德国。南非职业与继续教育培训研究院中不会有大量全职工作人员，而是通过与大学和非政府组织中的专家合作的方式，完成所制定的目标。这一过程将有利于在全国范围内，建立职业技术教育培训学院和继续教育专家的关系网络。

南非职业与继续教育培训研究院的主要职责有：为职业技术教育培训学院开发创新课程；升级技术与职业教育培训学院教职员的知识和教学技能，提升讲师和教练的专业性，这项任务在大学专家的帮助下进行；开设专家论坛，为职业技术教育培训学院的项目开发教材，所有教学材料将上线成为开放教育资源；就全国职业与继续教育问题向高教部部长提出建议；发起有关职业技术教育培训学院和学院体系的研究；推动职业技术教育培训学院与社区学院、学院与大学、行业教育与培训局、用人单位和工人之间的对话，加强连贯性和连接性；建立相对独立的监督和评估单位，访问学院，采访一些管理人员、教职工、学生和其他相关人员（包括用人单位的股东等）。该监督和评估单位还会审查与学院管理和学生表现相关的报告，并定期向学院委员会、校长和高等教育与培训部汇报每所学院的情况。这些报告能用来发现问题并找到矫正方法。

（四）大学系统的职业与继续教育改革

大学也是学后体系的一部分。在大学里，高等教育与培训部的工作重心是提高教育质量和增加多样性。其目标就在于使该体系有能力提供多种高质量选项，并增进高等教育机构之间、大学与其他学后教育机构之间的联系。南非需要多样化的大学，而且刻意使之差异化。随着入学率的增加，大学必须将注意力集中到提高学生的学业表现上。对于大学来说，提高学生的入学率和成功率，尤其是过去因种族、性别、残疾而处于劣势的学生的成功率，这是一项严峻的挑战，也是全国教育政策和机构自身的职责所在。为了实现这一目标，重要举措就是推动南非经济发展所需的技能教育培训。

此外，随着教育资源的逐步丰富，高等教育与培训部还承诺要逐渐对贫困人群提供免费的大学教育。总体而言，南非大学已接受了建立各部门完整统一的、相互协调的学后体系的概念。一些大学已开始与其他学后教育机构，尤其是与职业技术教育培训学院建立了坚固的伙伴关系。未来，随着合作规模的扩大，南非终将实现一系列重要目标，并建成一个富有生命力的学后体系。另外，大学也应该和用人单位合作，以获得更多实地培训的机会。这对于一些重视实践经验的学院来说大有裨益，也能帮助学生获得资格证明或执业注册。

1995年的《教育与培训白皮书》（*The White Paper on Education and Training*）最早提出了多元模式开放教学的概念，其原则包括以学生为中心、终生学习、灵活教学、降低入学门槛、认可先前学习经历中所获的学分、为学生提供支持、建立能使学生取得成功的教学项目，以及能维持高质量教材和支持的系统。在开放教学原则的基础上，南非高等教育与培训部努力建立远程学后教育，用以补充传统的校园教育。在教学支持中心和学生的帮助下，教育提供者形成了相互关联的网络。这张关系网把多种学科的课程送到学生身边，以便他们在合适的时间和情景中进行学习。

国家将鼓励大学，尤其是综合性大学和科技大学把远程高等教育应用到以职业为导向的学位项目上。目前，与学术研究导向的远程教育相比，这类远程教育的发展程度还不高。高等教育与培训部还会鼓励所有大学拓展其线上活动以及在线与面授相混合的学习模式。遍布于南非全境的教学支持中心将为远程教育项目提供教学、行政、后勤等方面的支持，还能提供一些数字和在线教学材料，比如在线图书馆服务。社区学院、闲置的高中设备、学院和大学校园都可以充当这类教学支持中心的活动地点，晚间、周末和假期期间，这些地方也可以用来进行面授课程。

在学后教育行业中，大学以下程度的远程教育目前尚寥寥无几。高等教育与培训部进行了深入调查，招募了尽职尽责的师资人员，购置仪器，尽量把远程教育普及到职业技术教育培训学院与社区学院这一等级。未来，学徒制培训也有可能通过远程教育来提供。跨国远程教育的管理与国内远程教育的管理同样重要。高等教育与培训部鼓励研究、学术、学者和学生的国际交流，也支持南非与其他大学之间的学术合作，远程跨国教育尤其受到南非政府的青睐。与此同时，这种教育形式也必须符合南非国内高等教育的标准，并接受质量保障的监督。

培训系统的设计，尤其是一些包含职业培训的项目，对于教育、培训与用人单位之间的合作提出了要求。在技术人员培养领域，学徒制长期以来都是通向合格资质的途径。然而，自20世纪80年代以来，学徒制开始渐渐衰落，导致工程和建筑行业中的中等技术工人缺失。因此，重建技术人员培训成了当务之急。当前南非的目标是，到2030年每年要培养30000名工匠，并将其他实地培训形式拓展到除工匠以外的其他行业，比如徒工制、实习制等。所以，在下一步的工作中，南非政府将简化且澄清国家高等教育与培训部与国家培训基金的作用和运营程序。国家高等教育与培训部将重点发展现有企业的技能培训体系，并开发通往这些工作场所的技能培训合作管道。精准地与工作场所的利益相关方接触，确定他们的需求，以便确保提供者有能力针对这些需求提供服务。国家科学基金会将负责根据国家发展战略和发展技能优先事项，为青年方案、建立小企业和合作社以及农村发展等政府战略提供资金。这些资助不限于某一特定部门的研究和创新。在此基础上，南非高等教育与培训部将巩固发展技能规划系统的举措，设立负责与地方主要公共机构合作的专门单位，以便收集相关数据并制定国家技能培训方案。这些数据将向国家规划机构提供具体部门的可靠定量数据，并与关键利益攸关方合作对规划过程中可能出现的情况进行评估。高等教育与培训部将利用国家和部门的技能需求信息来规划最终的投入预算。行业教育与培训局强制性赠款的重点将完全放在收集关于部门技能需求的准确数据上。改组后的国家技能管理局将专门集中于监测和评价这些数据。这意味着国家技能管理局将成为一个具有高级监测和评价技能的专家机构。

（五）保证教育公平的举措与立法

南非教育改革的标准为平等性和全面性。平等性首先是必须摒弃种族身份的差异，有关高等教育的任何决策都应保证学生不会受到种族身份的影响，而且学校的资源分配与资金支持也不会因为受教育者的身份而出现差异。平等性也体现在受教育的机会，尤其是女性和黑人的受教育机会。实际上，平等的受教育机会不仅关系到不同种族学生能否获得平等的教育，更关系到学校教育资源的获取能否平等。全面性指保证个体能具备参与国家政治和经济生活中应有的基本教育水平。首先，每个公民都有权参与新的民主生活，并且应具备至关重要的独立思考能力。其次，一个国家的经济发展与全球知识经济竞争的能力密切相关，一个合格的工作者也必须具备更高的教育水平。

教育公平是南非新政府面临的巨大挑战。1994 年建立的新南非废除了种族隔离制度，颁布了新的《南非共和国宪法》。以法律和政策保障公民接受教育的绝对权利。高等教育在法律上开始向非种族主义转变，这无疑是南非在实现高等教育领域族群公平方面迈出的重要一步。近年来，南非先后颁布了《南非高等教育法》《重建与发展计划》《教育与培训政策框架》《国家高等教育委员会报告：变革框架》《教育与培训白皮书》《国家高等教育规划》《变革与重建——高等教育机构新框架》《教育白皮书：高等教育变革计划》《高等教育入学计划》《高等教育变革绿皮书》《南非学校法》《公立高等教育拨款政策：新拨款框架》等法律和规划，以促进高等教育的公平发展。新的政策法规的出台反映了民主南非社会发展的迫切需要，并有力地推动了高等教育公平的逐步实现。

《南非共和国宪法》（1994 年）是历史发展的产物，是通过与种族隔离制度抗争而获得的结果。这部宪法在针对教育发展时指出，南非政府有责任保护公民的受教育权，每个公民不分种族、阶级、性别、信仰、年龄都有机会发展自己的能力和潜力，都能够对社会做出应有的贡献。南非教育部门创造了一个以共同文化、共同语言和共同宗教信仰为基础的教育环境，旨在消除种族歧视。值得一提的是，《南非共和国宪法》规定了四种不同的受教育权，即接受基础教育的权利、平等进入教育机构的权利、自主选择教学语言的权利以及建立一定特性教育体系的权利。显然，这部宪法是民主南非实现高等教育公平性的重要保障，也是高等教育基本权利贯彻实施的首要前提。

《南非高等教育法》（1997 年）以立法的形式规范了南非高等教育的核心概念，试图重建高等教育系统，促进高等教育平稳转型，以便更好地应对国家人力资源和经济的需求。首先，南非政府试图建立一个统一协调的教育体系，通过教育改革和新的发展模式，使高等教育能够更好地应对人力资源发展以及民主国家的经济发展需要；其次，通过解决历史遗留下来的种族歧视问题，建立一个更加开放民主的社会，进一步构建人权、平等、自由的价值理念。在处理高等教育事务方面，这部新的高等教育法凌驾于除了《南非共和国宪法》以外的其他法律法规。

　　《重建与发展计划》（1994 年）提出了国家人力资源战略。该计划以民主的、没有种族和性别歧视的、平等的原则，将重建和发展的理念与国家建设联系在一起，倡导公民要终身学习。根据该计划，教育与培训必须与国家资格框架结合起来，因此，必须要修订教学大纲，设置新的课程，严格审定教科书，制定合格的标准，以进一步提高教学质量。在推行全民义务教育的同时，还必须在义务教育后实行学术教育与技术教育的分流制，使学生获得相应的学历证书或职业资格证书。在南非，种族隔离制度下被忽视的职业技术教育终于得到了特别的重视，幼儿教育、成人基础教育、女子教育等问题也都被提上了议事日程。南非政府对继续教育与培训、高等教育、师资培训等问题进行了重新设计，并鼓励发展远程教育和成人教育。

　　根据《教育与培训政策框架》（1994 年），南非高等教育改革必须推动一种具有代表性的、有透明度的、有结社自由和学术自由的民主价值观，以消除传统教育中的不公平现象，建立权利保障的合理机制，确保法案得到有力的执行；必须扩大权利的实施范围，以体现民主高等教育实践的需求，与此同时建构公平高效的高等教育体系。

根据《国家高等教育委员会报告：变革框架》（1996 年），南非当时高等教育的现状为"分散、低效、缺乏协调、无目标性和系统性"。该报告通过数据揭示了黑人、女性学生与白人学生之间的比例失衡现象，同时展现了黑人学校与白人学校在资源、设备、资金上存在的巨大差异。该报告要求设定国家发展目标，建立高等教育资格框架，构建新型的教育管理体制，以便进一步推动学术自由和院校自由，进一步提升高等教育的改革成效等。

根据《教育与培训白皮书》（1995 年），建立新的教育体系至关重要。新南非要给予所有儿童、青少年和成年人接受更多教育与培训的机会，要改变由种族隔离时期遗留下来的教育不公平现象，保护弱势群体的合法权益，形成一个服务所有公民、服务新民主、服务国家重建和发展的新的教育体系。根据公平性原则，该白皮书指出，南非政府必须有效地利用政府资源，为全体公民提供同等质量的受教育机会，培养一批有文化、有创新能力和批判精神的公民，并使他们生活在一个无歧视和无偏见的国家里。南非政府有义务摒弃种族、阶级、性别、宗教信仰及年龄等歧视，保护好公民的受教育权，从而为全体公民提供发挥自己能力和潜力的机会，使他们为南非社会的经济发展做出贡献。南非政府的职责还包括为公民遇到的各类问题提供建议和帮助，为他们提供终身学习的机会以及接受高质量的高等教育的机会。

根据《国家高等教育规划》，南非高等教育的核心发展目标是建立单一的、协调的教育体系，以满足全体公民接受高等教育的需求以及社会经济发展的需要。这一规划规定了五个核心的政策或战略目标，试图实现两个平等：种族平等和性别平等。根据该规划，南非必须通过学生财政拨款平均分配方案，而且要矫正过去不公平的教育体制，要通过实施学生资助计划对达到入学标准但经济困难的学生提供助学贷款，以进一步真正提高南非学生入学的公平性。

《变革与重建——高等教育机构新框架》的目标是建立一个无种族歧视和性别歧视的高等教育体系，以满足南非社会对于人才发展的需求。根据新的框架要求，南非政府成立了工作组，分地区对高等教育机构的现状进行了调研和分析，合并了部分院校以减少公立高等教育机构的数量，扩大了公民接受高等教育的机会，提高了教育公平性和效率，促进了高等教育的可持续发展。

《教育白皮书：高等教育变革计划》（1997 年）的出台意义重大。该白皮书是南非教育部门在经过实地调研、公开听证、专家研究以及广泛接受意见建议的基础上定稿的。教育白皮书指出，高等教育体系应该是民主的，必须对不公平现象进行甄别并及时予以纠正。高等教育体系要通过应用知识的方式为南非社会的共同利益做出应有的贡献。高等教育要维护并应用学术和教育的标准，要目标高远，并在排除外界干扰的情况下，为创造性思维提供必要的条件。此外，要充分发挥高等教育机构的功能，使其通过最佳方式和手段产生最大的效益。南非政府对相应法规和政策的执行负有一定的职责。该白皮书呼吁南非政府直接管理高等教育，满足公平、公正的发展需要。该白皮书指出："高等教育变革是南非更广范围的政治、社会和经济转型过程的一部分。

这一转型包括政治民主化、经济重建发展以及面向公正的社会再分配政策。"该白皮书提出，南非高等教育转型的核心要素有二：一是增加和扩大学生入学人数，设置以市场为导向的教学课程，鼓励学生参加社会实践，满足国家以技术为核心的经济需求；二是强化高等教育与国家、市民社会和利益相关者之间的民主关系，构建公平和包容的社会制度。

《高等教育入学计划》提出了公平性指标，涉及了黑人学生和有色人种学生的入学比例、女学生入学比例、黑人学生及有色人种学生的毕业比例等。根据这一计划，在缺乏稳定资金支持的背景下，快速增长的学生数量难以保证人才培养的质量，也不利于高等教育体系的稳定发展。报告认为，应从国家发展需求和院校层面控制学生的入学规模，并在设计入学计划的指标时保障教育公平。

《高等教育变革绿皮书》指出，南非政府应着眼于平衡高等教育财政分配的整体框架，在教育制度层面上实施改革，以提高入学率和实现种族平等、性别平等为目标，在学习、教育、课程、管理结构等方面进行改革，以满足教育发展的需要。另外，绿皮书中提出教育部应加强对弱势群体的关注，保证这些学生可以享受公平的受教育机会和毕业机会。在管理结构方面，绿皮书建议成立一个代表多方利益，能够为南非的高等教育发展提供战略性建议的高等教育委员会，要求在公平、高效的基础上，针对高等教育的发展制定相应的、有时效性的独立发展策略。绿皮书的发表得到了南非教育界的高度认可，并为日后《高等教育修正法案》的制定奠定了坚实的基础。

《南非学校法》作为系统法律之一，旨在促进公民教育和民主教育通过切实可行的方法得到进一步发展。《南非学校法》明确规定，任何公民都有权利并必须接受一定的教育，教育过程要在公平的情况下进行。学校不得以任何方式对学生有任何的不公平和歧视，学校有义务接受适龄的、符合入学条件的学生，以满足学生受教育的实际需要。

《公立高等教育拨款政策：新拨款框架》充分发挥了调控机制的作用，为南非建立了与目标导向、绩效、促进教育公平相联系的高等教育拨款模式。新拨款模式体现了政府、社会对高等教育改革的高度关注，有利于促进高等教育的公平和效率。

当然，为了增强国家在全球市场的竞争力，为了给个人发展提供更多的学习机会，为了发挥每个南非人在经济社会发展中应有的作用，南非实施了全国技能开发战略，并以立法的形式，大力推进高质量的职业技能发展，以满足经济增长、社会发展和就业人口增加的需要。近几年来，南非先后颁布施行了《资格认证法》《技能开发法》《技能开发征税法》，通过这些法律法规，南非政府为职业技术教育发展开辟了广阔的道路，规范并促进了职业技术教育的发展。由企业（单位）、部门（行业）、教育和培训机构三方签署的培训协议，形成了上下相互衔接的培训体系。通过多方联动，南非建立了全国资格认证机构，负责职业资格登记并保证职业资格的认证质量。

第四节　南非教育体制改革的成果

南非高等教育改革内容涵盖高等教育变革的原则、价值理念、愿景和目标。通过改革，南非建立了新的管理框架，确定了高等教育改革议程，明确了实现高等教育目标所需的策略、结构和工具，为高等教育改革政策与法律框架的制定奠定了基础。改革的具体措施涉及院校结构设置、教学质量等问题，其最终的成效主要体现为"五化"，即教育系统统一协作化、高等教育公正公平化、教育规模合理化、教育体制多元化、治理结构民主化。

一 统一协作的高等教育系统形成

种族隔离制度导致白人大学与黑人大学、大学与职业学院，教育与培训相分离。1994 年开启的高等教育改革，通过院校结构调整建立新型大学，形成了传统大学、科技大学和综合性大学三类大学和学院组成的高等教育系统。普通高等教育与职业教育之间的差距逐渐弥合，学术与应用、知识与技能之间的界限逐渐弱化。高校之间互认学分增强了高等教育系统的统一性，促进了学习资格之间的衔接。此外，将种族隔离时期各种族议会分别管理教育事务的复杂管理机制，改革为由教育部（后为高教部）进行统一的部署、规划和管理。这些举措体现了新南非高等教育系统的统一性和协作性。

二 高等教育公平问题有所改善

公正与公平是南非新政府实施高等教育改革的核心目标之一。为了消除种族隔离时期所带来的不公平现象，南非政府在调整高教资源分配以及贫困生入学等方面采取了系列性的举措，并以多项政策法规来保障教育的公正公平。如南非政府出台并实施高等教育公平的政策，改善不合理的高等教育布局，逐步以社会需求为导向，弥合"黑白高校"之间资源和资金的差距。这些举措使黑人学生和女性学生的入学率得以显著提高，扩大了弱势群体的受教育机会。

三　高等教育的结构趋于规范合理化

新南非刚成立的头几年，南非政府稳步推进各项改革措施，采取积极有效的干预政策和手段，扩大了高等教育招生的规模，以培养支撑经济发展所需要的高技能人才。南非政府依托国家的整体发展需要制定了高等教育发展规划，分别设计了职业教育与高等教育的培养体系，以满足不同专业人才的培养需求，有序推动与社会需求相匹配的人才培养规划，使高等教育的结构和规模更加符合社会和市场的发展需要。

四　高等教育办学体制趋于多元化

20 世纪 90 年代以来，高等教育的市场化对南非高等教育形成了巨大冲击，继而引发了南非政府的直接干预。但从收集的数据来看，私立教育实际上并未对公立高校造成直接的影响。南非的私立高校主要包括四种类型：跨国教育、特许学院、职业技术教育培训学院、公司课堂。实际上，双轨并存在不同维度上推进了南非高校的人才培养。南非政府对私立教育采取既限制又监督的管理方式，最终，公立高校和私立高校之间建立了合作伙伴关系并实施联合招生，"公私合营"成为南非高等教育发展的一个显著特征。

五　高校治理结构趋于民主化

南非政府以"合作治理"模式作为处理大学与政府以及大

学内部关系的核心原则。在实施的过程中，南非教育决策过程公开透明，且充分发挥民主作用。由教育部门任命的工作小组或委员会，在政策制定之前一般都要进行前期调研，在此基础上提交的政策咨询报告，为南非政府制定政策草案提供了依据。新政策出台之前，南非政府通常将政策草案公布于众，征询民众意见，吸取有效的建议，经过上述流程后再最终制定出台新的政策。在贯彻政府管理理念的过程中，高等院校的治理结构也会随之发生改变。学校的最高决策机构是学校理事会，最高学术机构则是学术委员会。

第三章
南非教育的国际化历程

第一节　南非高等教育的国际化背景

20 世纪末所特有的压力和要求经常被概括为"全球化"，表现在以下几个方面：受信息与传播革命影响的、多种多样的、互相关联的社会、文化与经济关系发生了巨大的变化；跨国学术和科学关系网不断扩大；世界经济一体化进程加速，国家之间的市场竞争进一步加剧。因此，大多数大学都不可避免地要实现高等教育国际化，每一所大学都希望能吸引世界各地最好的生源。大学是全球化和国际化的关键驱动力，反之，全球化和国际化也是促使高等教育改革的重要驱动力。国际化的根本原因是：文化和社会方面的联系趋于紧密，经济发展和竞争力不断增强，知识共享大势所趋，由此，一个相互包容、相互关怀、共同繁荣和更加国际化的世界出现了。国际化不能脱离地缘政治的影响，南北半球国家之间的权力失衡现象清楚地表明了这一点，同时地缘力量也影响着学术交流、知识生成和知识分享的性质。南非政府认为，高等教育体系应该为各种形式的知识和学术研究的进展做出贡献，尤其应该直面地方、国家和非洲的各种问题与要求，同时还要坚守严格的学术质量标准。显然，南非政府采取了向外看的政策，并将非洲大陆作为自己关注的重点和优先要务。

高等教育的国际化对每个区域、每个国家制定各种政策和方案产生了重要影响，南非政府已经对这一现象给予高度的关注。必须指出的是，国际化已成为现代教育一个不可忽视的方面，特别是在高等教育中，这既有机遇也有挑战。国际化从一开始就是南非高等教育发展的一部分。回顾南非大学的历史，毫无疑问，许多教育机构的演变与殖民历史有关，也与1994年以来南非民主化进程有关。具体来说，南非大学的发展仍然受到殖民主义、种族隔离主义、后种族隔离政策、财政限制以及当前学后技术和职业教育政策的影响。南非高等教育的国际化要从南非民主价值观的角度来思考，这种探索应涵盖人才流动、合作研究、知识和资源共享以及经济效益的提高。

南非教育国际化的内容和形式不胜枚举，比如：学生和教职员工跨国境流动，国际合作研究，不同国家的大学共同颁发联合学位，大学在外国建立分校区，在线远程教育，国家之间互认资格，在一定地区内统一资格体系，大学课程国际化，跨文化课程，全球化教学内容，等等。

国际化发展趋势在南非高等教育中得到了充分的体现，并且使大学体系受益匪浅。学者和学生的跨国流动进一步促进了国际交流和全球公民意识。这对于促进和平与合作、可持续发展、可再生能源利用和防治艾滋病等全球性问题的解决起到重要作用。紧密的国际合作与联系推动了南非知识生产、知识产权和创新的增长。学生与教职员工的合作研究和交流也有助于南非教育机构的进步，尤其是那些历史上较为弱势、尚未建立全面国际关系的机构。南非必须鼓励并帮助这些机构建立自己的国际合作关系。外国大学、南非传统优势教育机构与弱势机构之间的三方合作也得到应有的鼓励。国际化被视为地方文化和原生文化走向国际社会的重要契机。

2011 年，70061 名外国学生在南非公立大学就读，相当于学生总数的 7%。其中大部分人（51671 人，占全部外国学生的74%）来自南部非洲发展共同体（Southern African Development Community，简称 SADC）国家。① 此外，主要来自南部非洲发展共同体国家的 5784 名外国学生在南非私立高等教育机构就读，占南非私立学校学生总数的 8.8%。这是一个相当可观的数字。2013 年，在世界最受留学生欢迎的国家排名中南非列第十一位，在非洲学生心目中南非更是他们出国留学的第一选择。2016 年，两所外国公立大学在南非设立了分校区。南非高等教育机构希望为日益增长的国际生提供服务，尤其以研究生为重点服务对象。这些学生的出现，促使南非必须制定清晰的国家和机构政策、程序和服务细则。此外，南非公民作为学生或教职人员前往其他国家学习或工作（时间从长期到中期不等）的机会也越来越多。因此，为了支持、促进并管理好这一现象，南非政府必须制定相应的对外教育交流政策。

在政治层面，随着 1994 年民主制度的开启，南非重新回到

---

① M. Cross E. Mhlanga et al，"Emerging concept of internationalization in South African higher education：Conversations on local and global" （Exposure at the University of the Witwatersrand，*Journal of Studies in International Education* 15 （2011）：75 – 92.

了国际社会。越来越多的国外大学开始与南非高等教育机构接触，希望以各种方式与南非进行合作。在《南非高等教育国际化政策框架》（2017 年）制定之前，南非高等教育机构的国际化活动一直在没有正规国家政策监管的状态下进行。但是，国家和地区的正式文件和声明以及政府报告仍为南非高等教育国际化提供了基本方法。比如，《南部非洲发展委员会高等教育与培训协议》（*The SADC Protocol on Education and Training*，1997）明确要求，院校要为学生和学者的流动提供便利，以便他们进行学习、研究、教学以及与教育和培训相关的交流。[①] 其中一些规定至关重要，例如：高等教育机构应为来自南部非洲发展共同体其他国家的国际生保留至少 5% 的名额；在学费和住宿方面，高等教育机构应对来自南部非洲发展共同体其他国家的国际生与本国学生一视同仁（目前，一些留学生需要交税）；南非为教育的和谐和公平做出了巨大努力，并将实现大学入学要求标准化作为长期的发展目标。各个教育机构设计了学分转换机制，方便南部非洲发展共同体成员国各大学之间的学分互认；同时，统一学年，以方便学生和教师的流动，努力减轻并最终消除阻碍教师和学生流动的移民屏障。

2000 年，南非高等教育规模与形态任务小组委员会（Council on Higher Education's Size and Shape Task Team）指出，南非对于推动高等教育体系国际化还不够重视。在继续努力扩招南非本地

① C. E. McLellan，"Internationalization as a national policy issue in South African higher education：A look at the policy context and a way forward，" In R. Kishun Ed.，*The internationalization of higher education in South Africa*，（Durban，South Africa：IEASA，2006）pp. 179 – 190.

学生的前提下，还应挖掘潜力招收来自非洲南部地区以及非洲其他地区的学生。因此，南非制定了相应的政策框架，积极建设基础设施，大力提倡教育全球化。[①] 为了保证国际生充分享受生活便利，还为他们提供了特别的照顾。招收非洲其他地区的学生是帮助这些地区开发人力资源的一种方式，也体现了南非对于非洲发展和复兴的承诺。当然，这也是南非及其教育机构的一项收入来源。

《学后教育和培训白皮书》详细列举了高等教育全球化对于南非的益处，包括增进国际交流、跨文化学习以及增强全球公民意识；促进和平与合作，为可持续发展、安全、可再生能源利用以及防治艾滋病等全球性问题找到解决方法；促进南非知识生产、知识产权与创新的增加；帮助强化南非教育机构。尤其是仍然不具备广泛国际联系的传统弱势教育机构。另外，国际化还是当地与原生文化走向国际社会的机会。作为非洲大陆的知识中心，南非是国际研究合作的热门国家。向南非高等教育机构发出提供联合项目和联合资格认证请求的外国机构与日俱增，这一现象也催生出台了一些国家政策，以便规范此类活动。南非为国际研究者提供了很多富有吸引力的研究机会。在很多层面，这是许多国家研究者进入非洲的入口。在很多国家和地区的政策中，都将南非列为优先合作伙伴。对于来自非洲大陆其他地区和南方国家的研究者来说，在南非进行学习和研究是进入更广阔世界的一个契机。

2012 年，《国家发展计划》为高等教育设置了一系列与高

---

① The Department of Higher Education &Training, *Statistics on post – school education and training in South Africa*，（South Africa：Government Printers，2013）p. 13.

等教育全球化相关的目标，其中包括：贯彻并鼓励国际交换合作；加大对大学研究生学习、高级研究员研究以及大学与行业合作的支持力度，为所有进行研究的教育机构设计稳定的资金提供模式；拓展大学的研究能力，提高研究成果产量；将南非打造成非洲地区高等教育与培训的中心，使其有能力吸引更多国际生；通过支持合作研究等方式，增加研究生与博士生数量。至 2030 年，南非大学入学人数中应有 25% 以上的学生为研究生层次。

《学后教育和培训白皮书》建议，南非应向高等教育与培训部提供各种国际奖学金，以便实现国家其他政策目标，比如增加南非研究生和博士生的数量，尤其是黑人和女学生；重视稀缺技能领域的资格认证，改善学者的资格认证规定；增加学生数量和保证毕业率，提高研究能力和研究质量。此外，要鼓励南非学生把握现有机会，到南部非洲发展共同体其他成员国学习，并按照南部非洲发展共同体协议，享受与当地学生同样的条件。此外，南非要加强与非洲国家以及金砖国家（BRICS）的合作研究，同时对与发达国家的合作也不抱任何偏见。此外，全球化对南非体系会造成复杂的影响，因此要制定合理的学后教育与培训国际合作政策框架，为高等教育国际化相关活动提供立法与指导。因此，《南非高等教育国际化政策框架》应运而生，其目的是提供高水平的原则和指导，设置大略参数，为高等教育国际化提供国家框架，以便高等教育机构制定并统一国际化政策和战略。不过，该政策框架并非高等教育国际化协约或手册。这份文件还要求高等教育机构以及南非教育行业中的其他参与者制定自己的、符合国家政策框架的国际化政策与战略。

第二节　高等教育国际化的内外动因

　　南非早期在国家政策层面没有明文规定有关高等教育国际化的问题，高等教育国际化的实施由各个高校根据自身办学状况自主决定。1994 年之后，南非民主意识开始觉醒，国家层面的国际化新特征日益凸显。自此，南非开始有意识地进行探索，渴望成为世界民主国家的一员，国际化在南非社会转型过程中扮演着越来越重要的角色，与南非社会经济发展过程中取得的成果一样发挥着不可或缺的作用。南非高等教育国际化主要基于五个因素：第一，使国家尽快摆脱因受种族隔离影响而被孤立的状态；第二，对国际竞争、国际准则、国际标准和国际成功经验的追求；第三，人类资源发展和国家能力建设的需要；第四，研究、发展和知识生产的需要；第五，区域一体化与发展的要求。所有这些因素都与南非寻求在国家、地区甚至整个非洲转型与发展的国内外政策密切相关。与南非相比，其他国家如韩国高等教育国际化的动因更为强烈，包括与市场导向和私有化相关的经济因素，以及社会文化因素，而这些因素在南非并不明显。① 受历史因素和当前南非谋求非洲大陆领导角色现实因素的影响，以及南非政府拒绝履行服务贸易总协定（General Agreement on Trade in Services，简称 GATS）中有关教育服务条款等因素的影响，经济和商业贸易因素在南非高等教育国际化中所起的作用微乎其微，

①　S. Rouhani R. Kishun, "Introduction: Internationalization of Higher Education in (South) Africa," *Journal of Studies in International Education*, 3（2004）: 235 – 243.

至少从表面上看是这样的。此外，许多国家，如美国，将谋求全球文化的相互理解和认同作为高等教育国际化的重要动因，而南非的高等教育对此关注甚少。南非没有为高等教育国际化制定明确的国家政策，但在一些重要的政府政策和规划文件里都涉及有关内容，如《科学技术白皮书》《教育白皮书：高等教育变革计划》《国家高等教育规划》。这些文件明确强调了全球化背景下教育发展的必然性，重点关注促进国家发展、增强南非高等教育和科学知识生产系统的议题。此外，还有其他有关南非高等教育的文件和相关活动，包括国际化的政策性文件，对当前南非高等教育的发展起着至关重要的作用。在国际化方面，这些政策涉及全球化趋势、国际准则成功经验、人力资源发展、国家能力建设以及其他有关上述提到的国际化动因的议题。

尽管这些政策文件并没有对高等教育国际化做出明确的说明，但其中涉及全球化的相关内容（如"全球知识经济""全球竞争与经济竞争""全球经济的动态变化""人力资源开发能力"等）足以证明国际化已被纳入南非的政策话语体系。

第三节　高等教育国际化的基本原理与原则

为了防止盲目地被卷入全球化潮流，导致南非利益遭遇意想不到的伤害，也为了最大化地发挥高等教育全球化的优势，南非为这一过程制定了必须坚守的基本原则。在推动高等教育机构和高等教育活动国际化时，必须把南非的国家利益放在首位，而且在与其他国家或地区交往时，也必须遵守以下优先原则：首先是南部非洲发展共同体国家的利益；其次是非洲其他地区国家的利益；再次是南方国家和新兴经济体的利益；最后是世界其他地区的利益。在学术自由与国家利益方面，高等教育机构拥有自主选择外国合作者、建立学术合作关系的自由。但是，这些机构应该考虑合作国家和机构在主要人权问题上的观点和历史记录，在某些特定情况下，还要考虑到南非政府在外交关系中所规定的国家优先事项。

在法律方面，与高等教育国际化有关机构的政策、规则、战略和方案必须与《南非高等教育法》以及其他与高等教育有关的法律法规保持一致。此外，所有与国际化有关的活动都应遵守南非的伦理原则。《南非共和国宪法》（*Constitution of the Republic of South Africa*）是所有活动的最高指导。在与国际合作伙伴的合作中，南非追求的目标是实现互利互惠，使双方的各种活动、程序和项目都能因合作交流得以进步，而不是强化各自已有的优势，因为国际化高等教育正是为参与方创造价值，例如，知识与能力的发展、文化丰富度的提升、全球居民意识的增强以及为机构创造机会。高等教育国际化的重点在于方案和活动的质量，而不是数量。高等教育的国际化活动必须达到南非高等教育的最高质量标准。

在高等教育国际化进程中，必然会出现大量学生、学者和教职员工国际流动的现象。政府和其他机构将尽一切可能采取适当措施，把国际人才吸引并保留在南非劳动市场。这些人才包括在南非高等教育机构中博士毕业的外国公民，以及掌握稀缺技能的研究生。但是，南非劳动市场吸引并保留国际人才的方案，包括高等教育机构录取名额，绝不能损害同等资质的南非本国公民的就业机会。同时，吸引并保留其他非洲国家人才的方案，必须与南非对于非洲发展所负的责任保持平衡。

《变革与重建——高等教育机构新框架》指出，国际化要涵盖多角度、多方面，其中最重要的几条原则包括使高等教育体系在世界全球化中具有更强竞争力，提高高等教育质量，造福社会，并增加高等教育为公共福祉做出贡献的机会。该框架还具体提出了以下目标：

- 增强南非高等教育的声誉、质量以及相关性，完善高等教育机构，鉴于高等教育体系中始终存在的不平等现象，本政策框架承认有些弱势机构尚未建立理想的国际联系，因此还没有从国际化中得到应有的益处，这些机构是重点鼓励对象；

- 加强国际研究合作，帮助南非、南部非洲发展共同体地区、非洲其他部分以及世界其他地区的知识生产、知识产权和创新增长；

- 让南非高等教育机构中的学生和教职人员更好地获取知识、技能，包括社会经济发展和健康所必需的跨文化技能；

- 吸引高品质人才，丰富南非高等教育机构的人力资本；

- 南非高等教育对初出茅庐和经验丰富的研究者同样开放；

- 为使学生得到充分的个人和职业发展并获取知识，学者和支持人员将为他们提供帮助；

- 为了缓解某些形式的国际化带来的风险，本政策框架将在建立合作关系的过程中，提供质量和声誉层面的指导，并保护本地学生的利益不受未被认可培训机构的伤害；

- 在合适的情况下，为高等教育机构提供创收机会，使其至少能维持运作；

- 制定战略合作以便加强高等教育的双边、多边和地区合作。

当然，任何改革都不可能没有阻力，没有风险。高等教育国际化有众多好处，但也需要时刻保持警惕。全球化对于高等教育机构的教育质量和生产力有正面的促进作用，这已成为全世界的共识。由于风险和好处并存，需要国家政策框架保证南非高等教育体系趋利避害。2004 年，高等教育委员会发表了《民主第一个十年的南非高等教育》（*South African Higher Education in the First Decade of Democracy*），高等教育委员会在文中提醒人们，贸易自由化必须得到严密监管，"以防南非和其他发展中国家遭到外国教育提供者的打压"。高教部部长还立场坚定地反对高等教育商品化，并列举出了如下危害：

· 有可能损害政府此前为有效参与全球化而做出的高等教育转型和强化公共部门等的努力；
· 学术方法同质化，公共知识基础腐败；
· 损害文化机构和学术价值，侵蚀高等教育的"公益"（public good）策略；
· "尚不成熟、且准备不足的交易"可能会滋生道德和法律问题；
· 跨国教育供应方只为获得短期利益，且得不到充足的投资；
· 质量参差不齐的外国供应方大量涌现，其战略可能会对南非高等教育体系造成不良影响（比如针对特定学生群体的招收策略会破坏公平原则）。

第四节　高等教育国际化的特点

国际学生的规模是高等教育国际化程度的重要指标。南非的国际学生数量众多，且在学生来源上呈现区域化分布的特征。1997年，南部非洲发展共同体国家签订了《教育与培训议定书》，南非承诺为域内其他国家保留5%的入学名额。1999年，南非推出了一项旨在扩大非洲各国留学生规模的计划，以吸引非洲其他国家的青年赴南非深造，扩大南非高校在非洲大陆的影响。2001年，南非《国家高等教育规划》进一步明确提出要扩大外国留学生数量。作为非洲大陆工业化水平最高且高等教育体系最发达的国家，南非的部分高校在20世纪六七十年代就达到了国际水准，尤其在健康科学、生物技术、信息技术、会计、工程、林木等专业学科具有一定优势；相比于欧洲和北美高校高昂的教育成本，南非高校受到了许多非洲国家学生的青睐，尤其是来自南部非洲发展共同体成员国的学生——他们凭借议定书中的相关政策，在南非的国际学生人数中占较大比重。以2014年为例，南非公立高校中的在读学生总数为969154人，国际学生人数在该年达到72999人。[①] 此外，来自南部非洲发展共同体成员国的学生在近年来一直是南非国际学生的主力军，其比例连年保持占国际学生的70%以上。因此，就南非本国的高等教育机构而言，国际学生来源的区域化是其高等教育国际化的重要特征。

课程内容的国际化是高等教育国际化的重要方面，在国际化改革中融入非洲元素是南非高等教育国际化实践的另一种努力和

---

① P. T. Zeleza，"Internationalization in higher education：Opportunities and challenges for the knowledge project in the global south"，In P. Kotecha Ed.，*Internationalization in higher education perspectives from the global south*，Southern African Regional Universities Association，4（2015）：4 – 18.

尝试。南非学者保罗·普林斯卢（Paul Prinsloo）认为，高等教育课程是解决发展中国家技能短缺问题的工具，也能够通过宣扬非洲本土知识体系、价值观和文化实现对殖民和欧洲中心经典知识体系的反叙事。[①] 南非高教部也认识到，一方面，为了避免国际学生新到一所学校时发生重复修读课程的情况，南部非洲发展共同体成员国间应建立起高校学分转换和资格互认机制；另一方面，南非高校传统的教学内容注重传授教学知识，缺乏实际应用能力，毕业生在毕业后难以满足全球化市场对人力资源的需求。由此，根据南部非洲发展共同体签订的《教育与培训议定书》相关条款，南非的高等教育机构逐步改变传统的单一课程，增设跨学科课程，开设以种族、性别、民俗和其他身份认同为主题的课程。如在开普敦大学和自由州大学成立仅培养研究生的非洲研究中心，与国内外机构合作开展有关整个非洲大陆政治、社会、文化等方面问题的科研工作。

非洲大学联盟（Association of African Universities，简称AAU）是应 1962 年联合国教科文组织的建议，于 1967 年在摩洛哥成立的区域性大学协作组织，总部设在加纳。非洲大学联盟的目标包括：促进非洲大学内部及与国际学术界之间的交流与合作；促进非洲高等教育机构在课程开发、研究生培养、科研活动、质量保障、资格互认、学位认证等方面的合作等。成立之初，非洲大学联盟仅拥有 34 所大学成员。截至 2017 年 4 月，已有来自非洲多国的 367 所高等教育机构加入，其中包括 21 所南

---

① P. Prinsloo，"Some Reflections on the Africanisation of Higher Education Curricula：A South African Case Study，" *Africanus* 1（2010）：19 – 31.

非的大学以及南非高等教育委员会。非洲大学联盟倡导各国教育机构重视非洲本土语言的应用，并针对大学机构和学生间的紧张关系，提出要促进大学的民主化进程，加强与学生团体的联系与沟通。这些内容与南非提出的高等教育语言政策及学生抗议运动有着密切的相关性。因此，南非的高校不仅在非洲大学联盟中占据数量优势，在发展规划上也具有充分的话语权。

第五节　教育国际化的具体措施

一　政府在教育国际化中的作用

高等教育国际化是一项复杂而艰巨的、需要多方配合的任务。在政府方面，高等教育国际化涉及南非民政事务署（DHA）、科学与技术部（DST）、国际关系与合作部（DIRCO）、高等教育与培训部、劳动部（DOL），南非政府承诺保障相关各部门之间的政策协调统一，旨在增强国际化进程和高等教育活动的效率和效果。每个部门都会在自己的职能范围中，促进高等教育国际化的发展。各个政府部门之间还必须协调合作。部门间的有效合作能使高等教育与培训部有效行使其在高等教育国际化方面的责任。相互矛盾的政策和不具有可执行性的规定在没有被相关部门保证实施之前，不应被写入法律。民政事务署和高等教育与培训部必须始终将各自的活动和进程用最佳方式协调起来，以便为来南非留学的国际生提供透明、优化的签证申请与批准流程。为了支持高等教育国际化，南非政府可以和其他国家形成战略联盟。总体而言，只要出现合适的机会，政府，尤其是高等教育与培训部，必须为高等教育国际化提供机会。

高等教育国际化政策的基本原理和目标由国家制定，政府将明确规定国家发展战略，并为国家高等教育国际化政策框架的实施提供指导，但具体目标的制定则在机构层面进行。政府在高等教育国际化过程中发挥作用的主要方式是通过本国政策框架中所规定的原则进行指导，起到辅助和促进的作用，而不是直接指挥。因此，每一所高等教育机构都必须制定各自的国际化政策或战略。

高等教育机构所制定的高等教育国际化政策或战略应该能切实促进国际化的发展，而且必须符合《南非高等教育国际化政策框架》所制定的基本原理和原则。为了确保这些战略和政策确实对教育质量有显著的提高作用，各机构通常都在自己的政策中规定了可量化的指标，用以衡量国际化程度以及该政策为南非相关大学带来的好处或影响。另外，教育机构应规避风险。国际化的风险之一就是人才流失，宪法必须规定个人自由移动和结社的权利，如此才能平衡人才流失的影响。

教育机构有三个关注重点，即大学的三个核心任务：教学、研究以及社区服务，这三项任务反映了教育机构的优先事项。在制定国际化战略和政策时，各个机构也应该着重强调这些任务，在此基础上制定衡量国际化程度的机制与工具，制定高等教育国际化的目标。教育机构还要保证为国际化方案和活动分配足够的资源。由于政府不提供用于国际化活动的专项资金，因此高等教育国际化的资金供应由教育机构来承担。高等教育机构必须为来南非留学和出国留学的学生提供适当的支持，包括留学护照申请支持、在校行政支持，以及有关注册、住宿、学业支持，还包括提供咨询、社会与文化活动方面的帮助与建议。

然而，由于国际人员流动计划存在先天的局限性，只有小部分学生能享受这一权利，为克服这一局限，南非鼓励高等教育机构将其课程国际化，作为实现国际化的另一种方式。课程的国际化方案包括在课程中融合国际与跨文化知识，帮助学生做好准备，提升在国际和多文化环境中工作、社交和联络感情的能力。政府还支持一些财团帮助高等教育国际化的发展，前提是其目标与行为与国家的政策与框架相一致，国家尤其鼓励财团为纠正南非高等教育历史不平衡所做出的努力。最后，教育机构必须对其国际化行为进行详细记录，并及时出示相关信息。

二 学生、教职人员流动与国际合作项目

南非政府支持并鼓励高等教育机构招收国际生，但不能影响增加南非公民接受高等教育的数量。为了方便国际生入学，南非民政事务署规定，签证持有者的直系亲属可以不必长期等待就可迅速取得工作和学习签证，某些领域即将毕业的外国学生也可以申请工作签证。国际生要根据要求，按时汇报与学习签证有关的情况，此举是为了监督其居住状态是否违反签证规定，防止给高等教育机构和国际生造成不必要的行政负担。为了证明学生的学业成果，高等教育机构有义务出具国际生的学习记录，或者在必要的时候出具学位补充说明文件，以此证明他们在南非高等教育机构的学习经历。各教育机构还应制定与国家资格框架相一致的学分积累和转换协议。

在南非高等教育机构攻读完整学位的学生，无论是本国学生还是国际生，所得到的津贴没有差别，但到南非留学的国际生所

缴纳的学费，则根据其来源地不同有所差异。来自南部非洲发展共同体国家的学生与南非公民付同等学费。对于来自其他国家的学生，教育机构可能收取同等费用，也可能收取更高费用。随着高等教育国际化的发展，越来越多的南非学生有机会出国留学，出国的形式包括：南非学生按照外国教育机构的规定，进入该机构就读；透过政府之间的协议到外国攻读学位；被外国高等教育机构录取，但只以交换生身份在外国完成部分学业；学生同时在南非高等教育机构和外国机构注册，并在外国完成一部分教育计划，以获取联合学位；南非学生在外国参加各种学术活动。

　　南非政府对于这些在外留学学生的学业利益与本地学生一视同仁。教育机构有义务在双方协议的范围内，采取措施保护在外国注册或参加项目的学生。这类措施包括在南非学生出国攻读学位之前，确认其未来将取得的学术资格地位，并在学生留学期间，持续监督其所受的教育质量。在学生参加交换项目时，南非高等教育机构也要在他们出发前，确认学分转换和认证安排，并且在学生出发前以及在外学习期间，监督他们在外国合作院校中所接受的教育质量。以上责任与义务都被写入了《出入境国际生规范实践准则》（*Code of Good Practice for Outbound and Inbound International Students*），签字同意这份准则，是南非高等教育机构招收或派遣国际生参加交换项目的前提条件。

　　教职人员也可以参与国际人才流动。他们在国外的学术经历以及持续的人才与知识交换是创建高质量高等教育的关键维度。因此，高等教育机构必须为教职人员创造出国研究的机会和参加学术活动的机会，并促进其实施（比如，以攻读硕士资格为目的在外国大学进行正式学习，公休假，交换项目，以及参加国际研究和学术活动）。为了服务于南非利益，在高等教育机构任职的人员应该是最优秀的人才，这些人也包括来自其他国家的顶尖科学家与学者。但是当申请同一职位的候选人资质相同时，南非教育机构绝不能优先将职位提供给外国公民。在南非研究岗位工作的外国公民必须承担责任，参与知识传递与能力建设活动，包括担任博士生导师，以帮助南非培养下一代科学家与学者。

在教职人员的国际流动过程中，必然会涉及签证问题。南非民政事务署、高等教育与培训部、劳动部以及国际关系部必须始终保持政策与行为的协调统一，以方便国际科学家与学者来到南非高等教育机构进行短期或长期学术访问或就职，使其工作签证的申请和批准过程透明、优化。如果不同部门之间的高等教育政策和活动出现了影响高等教育国际化的进展或冲突，高等教育与培训部应该承担责任，解决政府政策或过程中的矛盾。2016年，南非民政事务署还颁布了《移民绿皮书》（*Green Paper on Migration*），其中的政策有利于高等教育国际化，因此受到欢迎，《移民绿皮书》规定，除了授予掌握关键技能的研究生永久居住权，南非还可以为非洲大陆的熟练工人提供长期工作签证，并优先授予邻国公民。这种签证的对象是其所掌握的技能没有被列入关键技能清单者。一般情况下，在授予签证时，南非应优先考虑来自南部非洲发展共同体国家的人员。

除了人员流动之外，推动国际研究伙伴项目发展，建立、扩大并确保南非和国际科学家与学者之间的合作，也是南非优先考虑的任务。通过与世界各国政府、机构建立伙伴关系，南非科学家和学者可以获得国际研究资金，还有机会使用国际研究设施。反过来说，国际科学家到南非进行研究、使用南非研究设施，同样有利于全球科学、知识、生产创新与发展，而南非政府希望这一举措的前提是公正互惠，并且能增强国际研究合作，增加南非科学家能力提升的机会。其他一些衡量学术研究国际合作程度的标准，也得到了科学技术部和国家研究基金（National Research Fund，简称 NRF）的鼓励与背书。这些标准有：南非专家学者在国际会议上主题演讲的数量，国际项目的数量和价值，参与国际委员会、议事会与出版理事会的人员数量，获得的重要国际科学奖项数量，国际投资、科学技术部、国家研究基金投资的比例，注册的国际专利与其他知识产权的数量。

三 高等教育跨国境与合作教育

高等教育国际化的另一种方式就是跨国或合作办学。根据规定，南非公立高等教育机构不能在其他国家建立分校或卫星校区，不能在外国设置能授予国家资格框架注册资格的项目，也不能和其他国家的机构签订特许代理协定，某些特殊例外情况需要经过高等教育与培训部和高等教育委员会商讨并批准。但时，在外国合作伙伴以及本机构批准的前提下，南非公立高等教育机构可以在国外提供短期项目。在南非注册的私立高等教育机构要想在外国建立分校区并提供高等教育委员会官方认可的教学项目，必须先取得分校区或卫星校区所在国家对该机构和学术教学的认可，且必须遵守该国的所有规章制度。南非高等教育与培训部的私立高等教育机构注册以及高等教育委员会认证只适用于在南非国内提供的项目。目前，南非的高等教育委员会无权认证在国外设置的项目，但在未来，该机构可能会与国外的质量保障机构达成协议，实施互惠程序，并相互认可。

合作教育也是高等教育国际化的一条重要途径，现在，有越来越多的学术机构希望与南非共同颁发学位。对南非来说，与一所或多所大学合伙设立合作项目能大大增强教学品质，促进知识生产，使南非学生能在合作大学接触到其研究领域的优秀团队，在结构合理的优势项目中积累经验，还可以接触到不同的知识传统，并在合作机构使用或接触其来源机构没有的设施。与国外教育机构合作还能彼此共享高等教育机构的资源与设施，接触本校不具备的专门知识，从而实现提高教育质量的目的。一般来说，合作教学所颁发的资格主要有四类：一类资格也叫合作资格认证（Collaborative Qualification），在有些机构中被称为"共同签发学位"（Co‑badged Degree）；二类资格也叫连续学位（Consecutive Degree），即在两所教育机构连续完成两个不同的学位，并有可能实现（有限）学分转化或认证；三类资格被称为"联合学位"（Joint Degree）；四类资格则是授予"双学位"（Double Degree）。

南非政府允许并鼓励颁发前两种资格的联合教育项目。合作资格认证项目的一部分课程由合作方提供，但由招收方认证并授予学位。授予学位的机构认可其他合作机构的贡献，并在学位证书上标有合作方的校名和校徽。该项目课程由授予学位的机构负责，合作机构的贡献仅限于提供一门或多门由学位授予机构认可的课程或模块，且所占学分的比例不得超过50%；合作方为课程提供建议并与负责授予学位的机构共同管理、指导研究型学生。参与这类合作项目的公立高等教育机构必须向高等教育与培训部通报合作机构之间的协议。在一类合作项目中，如果有强制出国的模块，该模块必须在成绩单和成绩单补充文件中标明。

"共同签发学位"资格认证要求学生在两个机构连续完成两个学位，在每个机构完成的学业被另一所机构认可，但占后者的比重不能超过50%。

相比于前两种合作资格认证项目，后两种在南非则受到较多限制。南非国内高等教育机构之间不能颁发第三类资格认证，只有当南非高等教育机构（公立与私立机构均可）与国外教育机构合作，并且学位是研究生或博士生时，才能颁发"联合学位"。当学生完成由两所或多所合作高等教育机构联合颁发的单个学习项目之后，合作院校将共同决定是否授予其"联合学位"。如果合作方无法对此做出一致决定，则任何一方都不能在协议之外单方面授予"联合学位"。南非教育机构要想设置"联合学位"项目，必须得到高等教育与培训部、高等教育委员会，以及国家资格框架的项目与资格许可（PQM），还必须与合作机构签署《协议备忘录》（*Memorandum of Agreement*），以及签署针对每一名学生的《共同培养协定》（*Cotutelle Agreement*）。在高等教育管理国际部（HEMIS）的大学生信息系统中，攻读"联合学位"的学生应被明确注册为"联合学位"学生。在南非高等教育机构注册"联合学位"资格认证的学生与仅注册普通资格认证的学生享受同等投入和产出补贴。

完成学习计划后，学生便获得由相关合作高等教育机构联合签署的单一证书，或者一份学位补充说明文件，这份文件将解释该项目的性质，并说明完成该项目的学生会取得联合颁发的单一（只有一张证书）资格认证。国家立法规定，参与"联合学位"项目的机构所颁发的证书，都必须强调该资格是与其他机构联合授予的，合作机构的证书和学位补充文件上也必须显示该证书是双方联合颁发的。由 XYZ 大学与 ANOU 大学联合培养的博士生不能使用 PhD（XYZ）或 PhD（ANOU）的抬头，而必须标明 PhD（XYZ & ANOU）。硕士生也同样如此。

无论是南非公立高等教育机构还是私立机构，都不能颁发第四类学位，即"双学位"。《南非高等教育国际化框架》将"双学位"定义为两所高等教育机构合作提供的学习项目，其中可能包含联合开展的统一课程，且双方互认学分。攻读这类学位的学生必须在每一所合作机构中，遵守该机构的居住要求，完成规定的学习时间，并同时满足 A、B 两校的学位要求以及 A、B 两校的资格认证（在 B 校进行的工作也可被算进 A 校学分中，但这类学分不得超过 A 校总学分要求的 50%，反之亦然）。完成学习项目后，合格的学生将被授予两个独立学位，分别由两所相关合作院校颁发。这两份证书都是两所院校各自的标准证书。证书上可能提到也可能不提到另一所机构的合作与贡献。

四　线上教学与国内国际化

线上教学项目应遵循相关立法的指导，有意提供线上项目的机构必须查阅有关远程与开放教学的法律法规。国内国际化即在国内教学环境中，刻意在正式与非正式课程中融入跨民族、跨文化的内容。国内国际化的关注重点在于让所有学生都能从国际化高等教育中受益，而不仅仅是跨国流动的学生。作为一种国际化的替代方式，政府鼓励高等教育机构将其课程国际化，以便克服国际流动计划的先天局限性。与实施交换项目相比，国内国际化提供了节省成本的机会。课程国际化意味着不但要在课程内容中增加跨民族、跨文化和全球化维度，在学习项目的学习成果、评估任务、教学方式以及支持服务中也要体现这些特点。国内国际化还有可能延伸至本校区以及正式教学环境以外，充分利用当地社会其他跨文化和国际教学机会。

五 高等教育国际化的管理

高等教育国际化涉及的人员、情况比较复杂，因此必须制定行之有效的管理规则。教育机构有责任在其机构设置和处事过程中，考虑到国际化教育的管辖、管理、行政等事务，并支持与高等教育国际化相关的事务。为履行这些责任，每所高等教育机构都必须制定国际化政策或战略，并建立能适应高等教育国际化活动的结构和程序。

南非高等教育与培训部的各个下属机构，每年要向高等教育与培训部呈交《年度工作计划》（*Annual Performance Plan*）和《年度汇报》（*Annual Report*）。高等教育国际化目标实现的进度，也必须由各机构利用标准程序进行监督、衡量与汇报。各教育机构必须提供各自实现国际化目标进度情况的报告。报告必须包含的内容有来南非留学的学生情况，在南非学习（包括南非公民）的博士后研究人员情况，联合学位和资格的种类，国际合作情况（包括外国合作机构和该国家的情况、合作关系起止日期、合作协议要点等）。南非高等教育与培训部将从各机构的计划和年度汇报中收集、统计并汇报南非高等教育机构国际化进程信息。衡量国际化进程可以从三个角度入手：大学三个主要职能（教学、研究、社会服务）的国际化程度是否有所提高，国际合作研究（例如联合研究提案、共同出版作品、共同发明）是否有所增加，以及由国际化活动和工作直接带动的资金流动是否有所增加。

第六节 南非高等教育国际化的深刻启示

南非大学演变的影响因素很多，例如，殖民主义、种族隔离制度、财政限制以及学后职业技术教育的政策等。南非大学系统主要是精英教育和低参与、高消耗的系统，同时，提供中等质量的教育。自 20 世纪 90 年代以来，南非的全球研究产出翻了一番，全球合作项目翻了三倍，南非的研究产出占非洲研究产出的37%。[①] 高等教育国际化对南非来说并不是新鲜事，南非高等教育的起源与英国和荷兰形成的殖民历史有关，南非的高等教育机构仿效欧洲机构。[②] 然而，当前关于国际化的论述主要与对全球化的经济解释有关。南非国际教育协会（International Education Association of South Africa，简称 IEASA）是一个非营利性的组织，因南非的科技大学需要回应国际教育的趋势而成立。1997年，南非国际教育协会召开就职会议，这被视为确定国际化是南非大学使命核心的关键时刻之一。[③] 麦克莱兰（McLellan，2006）指出，必须要制定一项全面的国家高等教育国际化政策，该政策要整合所有高等教育机构的政策目标和战略，必须要为实施这些战略提供国家方案、行政支持和必要的资源。这有助于提高南非在全球的地位，鼓励不同国家利益相关者之间谋求一致性，加强

---

① J. Adams C. King et al, *Global research report*: *Africa*, （England: Thomson Reuters, 2010）, p. 12.

② C. Sehoole, "Internationalization of higher education in South Africa: A historical review," *Perspectives in Education* 24 （2006）: 1 – 13.

③ R. Kishun, "The internationalization of higher education in South Africa: Progress and challenges," *Journal of Studies in International Education* 11 （2007）: 455 – 469.

围绕高等教育国际化采取必要举措。①

　　与其他国家相比，南非国际化水平较低，但正在增长，需要积极的政策、政治意愿和资源开发。2010年，南非大学有66113名外国学生，其中，70%的学生来自南共体地区，17%的学生来自其他非洲国家，只有13%来自非洲以外的国家。这些数据似乎表明，南非在国际化方面的经验更准确地划分了区域，类似于刺激欧洲区域化的博洛尼亚进程。② 2030年的高等教育愿景，将南非设想为非洲和全球高等教育网络的积极参与者，南非的大学将吸引更多的国际学生和工作人员。然而，南非高等教育国际化的现实远非如此。马拉扎（Malaza，2011）认为，自1997年《高等教育转型白皮书》和2001年《南非高等教育计划》出台以来，教育部门制定的政策虽然向高等教育国际化的运作前进了一步，但并不是真正融入国际化概念的高等教育政策。国际化被视为南非高等教育转型的重要组成部分，但尚未完全融合。③ 克劳斯等人（Cross，2011）观察到，当前的辩论倾向于赋予西方特权和普遍化的国际化概念，这些概念毫无疑问地被接受为全球认同的真理。他们指出，在南非，孤立的遗产和欧洲中心主义在

①　C. E. McLellan，"Internationalization as a national policy issue in South African higher education：A look at the policy context and a way forward，" In R. Kishun Ed.，*The internationalization of higher education in South Africa.*（Durban，South Africa：IEASA，2006）pp. 179 – 190.

②　Institute of Estate Agents of South Africa，*The guide to South African higher education*，（Durban，South Africa：IEASA，2006）p. 79.

③　D. Malaza，"Internationalization of South African higher education"，HESA，Retrieved September 18，2013，from http：//www. hesa. org. za/sites/hesa. org. za/files/2011% 20HESA% 20 – % 20CEO% 20IAU% 20Address% 205% 20 – % 2012% 20April% 202011. pdf.

学术界的主导地位激起了人们对国际化的怀疑，因此，挑战在于寻找适合其特定背景的创新方法。[①]《南非高等教育指南》[②] 的一些重要建议是，政策制定应考虑到诸如"人才流失""大脑获得""脑循环"等复杂问题。南非必须做出战略决策，以在引进外国技能和提高本国技能之间取得最佳平衡。此外，在南非自身的教育背景下，找到一个有原则和道德的国际化模式至关重要。尽管国际学生和其他相关活动和方案可能给高等教育机构，甚至给国家带来经济利益，但这不应成为国际化的主要原因，特别是在南部非洲和其他非洲国家。在机构层面也应采取措施支持有效的国际化，其中包括制定与教学、研究和社区参与等与高等教育核心职能相关的机构国际化政策，并建立适当的质量保证机制。

衡量高等教育国际化程度的指标之一是国际学生的流动性。南非的内向学习流动性高于外向学习流动性。南非似乎是对外流动性最小的国家之一。国际学生占南非高等教育人数的8%。然而，南非的许多国际学生来自南共体国家和非洲大陆的其他国家。有人担心，高等教育已经成为一个被商业和其他利益掩盖了高等教育基本学术使命和价值观的行业（IAU，2012）。这也反映在高等教育的国际化上。从国际高等教育中的商业活动来看，南非没有在关贸总协定中就教育做出任何承诺，也没有回应新西兰、挪威和肯尼亚提出的有关入学的要求。高教部对

---

① M. Cross, E. Mhlanga, "Emerging concept of internationalization in South African higher education: Conversations on local and global," (Exposure at the University of the Witwatersrand), *Journal of Studies in International Education*, 15 (2011): 75 – 92.

② Institute of Estate Agents of South Africa, *The guide to South African higher education*, (Durban, South Africa: IEASA, 2004) p. 47.

教育商品化采取了强有力的立场。① 外国大学在 20 世纪 90 年代大量涌入南非，但大多数在面临严格的认证和注册程序后退了出去。然而，有趣的是，莫纳什大学（南非）自 2001 年以来一直在南非运营，南非大学（Unisa）在世界各地以远程模式运营，主要是在非洲。有学者指出，可以制定有说服力的案例，但不要将南非高等教育纳入《服务贸易总协定》（GATS）。这是鉴于南非体系相对于工业化（和潜在的高等教育出口）国家的发展水平，以及由此可能造成破坏高等教育持续转型的巨大风险，在该部门实行自由化的危险性很大。人们认为这与风险和利益分配不平等有关，类似于发展中国家在开放国际货物贸易方面的总体经验。②

长期以来，南非一直同意为南部非洲发展共同体国家的学生提供 5% 的录取名额。③ 虽然一些批评者认为，扩大国际学生的录取可能会限制南非学生入学的可能性，莫亚（Moja，2006）指出，南非不仅要处理国际化问题，还要处理区域化和非洲化问题。关于学前教育和培训的绿皮书（2012），同时解决加强学前教育和培训的挑战和需要，建议通过建立具有全球竞争力的国家资格框架和质量保证结构来简化监管体系，以及使教育在具有全球相关性的同时满足当地的需求。然而，这一切都必须通过合作

① The Council on Higher Education, South African higher education in the first decade of democracy, (South Africa: Government Printers, 2004) p. 13.

② T. Moja, "Challenges in the internationalization of higher education in South Africa?," In R. Kishun Ed., *The internationalization of higher education in South Africa*, (Durban, South Africa: IEASA, 2006) pp. 81 – 88.

③ T. David, "Learning mobility between Europe and India: A new face of international cooperation," *Exedra* 3 (2010): 85 – 96.

开发来实现。①

根据 2030 年愿景，世界银行把南非高等教育定性为中等水平的表现形式。2008 年，中国上海交通大学世界大学排名将南非高等教育排在第 27～33 位，因为南非高校在研究产出、知识生产能力、学术生产、毕业率等方面具有许多明显的优势。

---

① T. Moja，"Challenges in the internationalization of higher education in South Africa?，" In R. Kishun Ed.，*The internationalization of higher education in South Africa* （Durban，South Africa：IEASA，2006）pp. 81－88.

第四章
南非与中国职业教育合作的成果与未来

　　中国在学习他国经验的基础上，认真权衡本土优势与不足，有选择性地探索适合本国职业教育发展的道路。比如，早期英国的"学徒制"、德国的"双元制"都为我国职业教育的发展提供了典范。在此基础上，根据本国的国情，中国不断创新，形成特色，从单一的培养技能型人才到现在实施的多元化培养人才模式。在人才培养方面，近几年来中国一直倡导"工学结合、校企合作"的职教培养模式，每年举办全国职业院校技能大赛更是中国职业教育的发展特色之一。通过开展技能竞赛活动，促进了学生之间的相互交流学习，同时体现了科技的变化和思维的创新。为增强人才培养的针对性、系统性和多样化，中国高校采取了更加灵活多样的教学方式。如在课堂上，学习知识与实践操作交替进行，不但能够帮助学生巩固基础知识，而且能引起学生对验证理论的兴趣，激发他们的好奇心。

　　改革开放以来，中国职业教育的国际交流与合作取得了持续的进展，特别是与非洲国家的交流与合作，既引起西方社会的关注，也给中国的职业教育带来新的启示。1998 年，中国与南非正式建交，经过两国 20 多年来的不懈努力，中南关系已实现了从伙伴关系、战略伙伴关系到全面战略伙伴关系的跨越式发展，呈现出政治互信、经贸合作、人文交流、战略协作齐头并进的强劲发展势头。其中，教育合作是中南两国人文交流中最重要也是最活跃的领域之一。两国教育部门签署加深扩大教育领域的合作交流框架协议以来，两国政府与教育部门高度重视中南教育合作交流，不断推动两国职教合作，深化产教融合，创新技术技能型人才培养模式。中南两国在职教领域的合作对于提升中国职业教育的国际化水平，推动两国人文交流、经贸合作及产能合作，以及对非洲的民生发展和人力资源开发都具有重要的意义。

2019 年 4 月，为落实中南高级别人文交流机制会议精神，进一步推进南非学生来华学习项目稳妥有序开展，中国—南非职业教育合作联盟（以下简称联盟）学生项目工作推进会在江苏省常州市召开。教育部中外人文交流中心副主任、联盟中方理事会理事长杨晓春出席，并对项目工作提出要求。会议通报了此前联盟双方秘书处签署的《南非学生、教师来华学习培训项目合作协议》的具体内容和要求。双方执行秘书处报告了 2019 年首批南非三类专业学生的选派程序，以及中方接收院校的申报、评审和公示等方面情况。会上，各个项目实施院校汇报了本校接收国际学生的资源分配和实施计划，并就具体协议的签署以及学生培养中可能遇到的学习和生活问题进行了研讨交流。中方理事长杨晓春肯定了各单位为做好该项目付出的努力，通报了联盟2019 年开展的工作，并对项目实施提出了以下四点建议：一是要提高政治站位，从促进中南人文交流和双边关系健康持续发展的高度实施项目；二是要进一步理顺关系，加强纵向和横向沟通，在联盟框架内高效开展各项工作；三是要保证培养质量，整合学校和企业的优势资源，高质量完成培养和培训任务；四是要增强品牌意识，在项目实施过程中秉持人文交流理念，合力打造中南人文交流教育领域品牌项目。

2019年11月，中国—南非高级别人文交流机制合作项目、中国—南非职业教育合作联盟年会暨产业发展研讨会在河南省开封市成功举办。本次会议在教育部国际合作与交流司、职业教育与成人教育司支持指导下，由教育部中外人文交流中心主办，黄河水利职业技术学院承办，同时得到了河南省教育厅的鼎力支持。联盟年会暨研讨会通过了《2019年联盟工作总结和2020年的工作计划》，并以"秉持人文交流理念，促进中非产教融合发展"为主题，围绕中南及中非职业教育合作、产业发展和人文交流等进行了广泛交流。联盟成员单位一致同意将中南职业教育合作联盟更名为中非职业教育合作联盟，以中国—南非职业教育合作为示范，向非洲国家辐射，助力中非合作和"一带一路"建设。教育部中外人文交流中心主任杜柯伟在致辞中指出，习近平主席在中非合作论坛北京峰会上提出要展开包括人文交流在内的"八大行动"，倡议构建中非命运共同体，开启了新时代中非合作的新篇章。杜柯伟强调人文交流在传承中非传统友谊、巩固中国与非洲国家关系社会民意基础中发挥着重要的作用，在中国—南非高级别人文交流机制框架下，联盟在促进中南及中非技术技能型人才培养、推动教育合作和人文交流等方面发挥了积极作用。

第一节　中非职业教育合作历程

2013年，中国国家主席习近平分别提出建设"丝绸之路经济带"和"21世纪海上丝绸之路"。非洲作为海上丝绸之路的延伸点，既是中非通商往来的交流渠道，也是中非文明和文化碰撞交融之路。教育是社会发展的基石，在"一带一路"建设中能够发挥基础性和先导性作用。2016年8月，教育部制定了《推进共建"一带一路"教育行动》，明确了实施丝绸之路合作办学的推进计划，提出促进高等学校、职业院校与行业企业之间的合作；鼓励中国优质职业教育配合中国行业企业走出国门，探索开展多种形式的境外合作办学，合作设立职业院校、培训中心，合作开发教学资源和项目，开展多层次职业教育和培训，培养当地急需的各类"一带一路"建设者。

中非教育交流始于20世纪50年代，主要体现在职业教育合作领域，交流形式以政府为主导。起始阶段只是简单地互派留学生、教师和教育代表团。进入20世纪90年代后，随着人员交流、科学研究、短期培训等项目的开展，中非教育交流与合作进入快速发展阶段。政府主导的合作形式逐渐转变为中非高等院校间直接合作与交流，高校间的教学和科研合作得到广泛开展。2000年中非合作论坛创建后，中非教育交流与合作进入了第三阶段，多层次、多领域、多形式的职业教育合作日益频繁。首届北京中非论坛部长级会议签署的《中非经济和社会发展合作纲领》确定设立"非洲人力资源开发基金"，中国帮助非洲国家培训各类专业人才。职业技术教育培训、孔子学院设立，以及各类专业技术培训成为现阶段的主要合作形式。2003年签署的《中非合作论坛——亚的斯亚贝巴计划》，首次提到要在非洲进行高等教育和职业教育的合作，拓展高等院校与技能和职业教育培训学校间的交流渠道；中国将继续帮助非洲高等院校与技能和职业教育培训学校加强学科和专业建设。2015 年的《约翰内斯堡行动计划》再次强调，中方将支持非洲国家改造现有的或新建更多的职业技术培训设施，在非洲设立一批区域职业教育中心和若干能力建设学院，在非洲当地培养 20 万名职业和技术人才，提供 4 万个来华培训名额，帮助青年和妇女提高就业技能，增强非洲自我发展能力。2000 年以来，中国已经在非洲援助和融资建设各类学校 200 多所，每年向非洲提供 7000 多个政府奖学金名额，举办 100 多个技术管理研修和培训班。中非合作论坛创立以来中国已经为非洲培训各领域实用人才超过 8.1 万人，培训范围涵盖了经济、贸易、农业、环保、交通等涉及国民经济和社会发展的各个领域。

随着中国经济快速发展、国际地位和国际影响力与日俱增，世界各国更加重视发展与中国的友好合作关系，作为传播中国文化和传授汉语言的孔子学院在国际交往中的作用日益凸显。2006 年，《中非合作论坛——北京行动计划（2007～2009 年）》在北京签署，教育领域合作明确要求根据非洲国家的需要和要求，在非洲设立孔子学院，帮助非洲国家开展汉语教学，鼓励中国有关院校开展非洲语言教学。2015 年数据显示，已在全球 135 个国家（地区）建立 500 所孔子学院和 1000 个孔子课堂，注册学员总数 139.4 万人。其中在非洲 32 国建立了 46 所孔子学院和 23 个孔子课堂。

随着孔子学院规模不断扩大，建设多元化和专业化特色孔子学院正逐步成为发展趋势。《孔子学院发展规划（2012～2020 年）》提出，要努力适应各国汉语学习者多样化、多层次的需求，鼓励兴办以商务、中医、武术、烹饪、艺术、旅游等教学为主要特色的孔子学院。一些国家的孔子学院，实行汉语教学、文化交流和职业培训并举，帮助学生既学习汉语语言文化又提高职业技能。目前，在全球 500 所孔子学院中已有 17 所成为特色孔子学院，分别为中医孔子学院、商务孔子学院、旅游孔子学院、艺术孔子学院和职业孔子学院。建立于 2009 年的非洲埃塞俄比亚职业教育孔子学院是唯一具有职业教育特色的孔子学院。

第二节　中—南职业教育交流与合作的成功经验

一　非洲孔子学院与职业教育结合的策略与实际

据世界银行统计，2050 年非洲 15～24 岁的青少年预计将达到 4.5 亿人，而在未来十年里，每年将有 1100 万名非洲青年进入就业市场。国家汉办负责人提出：与北美或者欧洲的孔子学院相比，在非洲大学的孔子学院，特别是在中学的孔子课堂中，应该植入一些职业技术培训课，让这些小孩子在学习汉语的同时，学到谋生本领，特别是在中资企业工作必须具备的一些技能。在非洲，开展语言文化＋职业技术教育特色化办学是孔子学院提高办学层次和水平的有效模式。

（一）开设汉语特色课程，推动汉语课程纳入学分教育体系

中国和非洲经济贸易往来日益密切，非洲成为孔子学院最有可持续发展潜力的地区。学汉语、学技术以进入中资公司已成为非洲青年就业的首要选择之一。越来越多的非洲人希望通过学习汉语来了解中国，并寻求未来的发展机遇。在赞比亚首都卢萨卡国际机场悬挂着巨大的广告牌："学好汉语，回报不可同日而

语"（Learn Good Chinese，Double Your Rewards）。孔子学院针对
非洲学员的兴趣和需求，开设了不同层次的具有实用性、热点
性、趣味性等特点的系列课程。课程包括实用交际汉语等培训课
程，中国饮食、书法、武术、中医等传统文化特色课程，中国概
况、中国礼仪、现代中国经济与社会发展系列国情讲座等。带有
中国符号的特色文化课程引起了非洲民众对中国的兴趣，系列国
情讲座解开了中国创造经济发展奇迹的"谜团"，语言培训课程
和文化活动增加了中非人民之间的文化认同，为推进中非其他领
域深入合作起到了积极作用。在孔子学院（课堂）的推动下，
汉语教学在非洲涵盖了选修课程、必修课程、学分课程、学位课
程和长短期培训课程等不同层次。肯尼亚内罗毕大学、喀麦隆雅
温得第二大学、马达加斯加塔那那利佛大学、津巴布韦大学和利
比里亚大学中的十多所孔子学院已将汉语课程纳入所在学校学分
教育体系，在合作大学开设汉语专业学位教育。南非、赞比亚、
坦桑尼亚等国家已将中文纳入不同层次国民教育体系。

（二）汉语教学与职业技术培训相结合，打造非洲特色

为适应非洲国家经济发展的特点和需求，各孔子学院积极融
入当地社会，既做好语言文化推广工作，又重视加强职业技能培
训，为当地民众就业、创业提供帮助。埃塞俄比亚职业教育孔子
学院借助中方承办院校天津职业技术师范大学的专业优势和办学
特色，积极尝试多样化课程教学，充分发挥语言教育优势，开设
了电气、机械等专业语言课程。针对性的职业培训实行汉语教学
和文化传播并举，帮助学生既学会汉语又掌握就业技能。坦桑尼
亚达累斯萨拉姆大学孔子学院将旅游汉语和商务汉语设定为常规
培训课程。乌干达基加利教育学院孔子学院为了适应卢旺达人民

学习和了解中华文化的多样化需求，开设以商务、艺术、中医、武术、旅游、烹饪教学为特色的精品课程。在非洲，旅游业是支撑经济的重要行业之一，也是很多国家的支柱产业。中国作为世界第二大旅游输出国，非洲各国纷纷将中国视为其旅游经济增长的目标国和核心市场。南非旅游部针对中国提出了"1%计划"，力争吸引中国出境游客数量的1%。中国文化和国际教育交流中心孔子课堂应南非旅游部要求，在3个月内为20名导游和旅游从业人员讲授420课时的汉语专业课。培训班除了听、说、读、写等语言教学外，还开设有中国传统及现代文化、民族艺术等文化特色课程，以及商务礼仪、旅游业现状等专业课程。旅游汉语、酒店汉语、航空汉语等与旅游业相关的特色课程成为非洲各孔子学院的热门课程。

（三）校企联合举办职业特色孔子学院，为中非合作注入新活力

大量的中资企业和人员进入非洲，本土人才培养和语言文化差异成为中资企业在非洲发展的最大障碍。一方面，需要本土低成本的管理和技术人才，但语言障碍和文化观念差距使企业自身只能进行单一的技能培训；另一方面，从中国高薪聘用的人员不熟悉当地的语言和文化，容易因沟通障碍与当地员工产生矛盾和纠纷。中国政府和企业在不断探索适合非洲本土的技术技能型人才培养模式和方式，中国对非洲教育援助从提供短期职业技术培训转向联合培养职业技术人才。2003年，中国商务部根据两国政府协议和应埃塞俄比亚政府的要求，在埃塞俄比亚首都亚的斯亚贝巴建立了第一所高等职业技术教育学院——"埃塞俄比亚—中国职业技术学院"。天津职业技术师范大学承担该学院的教学与管理工作，按照中国模式培养高质量职业技术人才。天津职业技术师范大学作为教育部首家教育援外基地，在埃塞俄比亚先后设立了埃塞俄比亚职业技术教育孔子学院和亚的斯亚贝巴大学孔子学院，以及另外 4 个孔子课堂和 3 个汉语教学点。其中，埃塞俄比亚职业技术教育孔子学院是中国首家进行职业教育的孔子学院，也是非洲唯一从事职业技术教育的孔子学院。中资企业是中非全面合作的重要参与者，也是非洲国际经济发展的重要贡献者。随着越来越多的中国企业进入非洲，孔子学院发展应与在非中资企业密切联系，为其培养和输送人才，提供文化交流服务。2015 年 2 月，全球首家由中资企业参与共建的安哥拉内图大学孔子学院成立。中信建设有限公司作为直接参与者与孔子学院总部签署《国际汉语推广战略合作协议》，提供为期 10 年、总额达 150 万美元的资金用于修建 500 平方米的孔子学院专用校舍。孔子学院在开展汉语教学和文化交流活动之外，还与中资企业设立定向培训班，为中信安哥拉百年职校提供专业汉语教学。中资企业直接参与孔子学院建设，不仅使双方建立起长期有效的合作关系，同时企业最大限度地参与孔子学院办学，也将促进孔子学院的课程设置、人才培养能直接满足企业的职业需求。

二　丰富国际交流合作形式

自中国和南非两国教育部门签署了加深扩大教育领域合作的交流框架协议以来，中南两国在教育领域已经形成了多层次、多领域、多形式的教育交流与合作。除了互派留学生、派遣援非教师和专家、实施校际交流和教育援助项目、成立孔子学院等传统形式以外，还进一步加强了职业教育方面的合作，对南非开展职业培训和南非职业教育教师来华进修等项目，不断探索发展两国教育合作交流的新形式，提升合作的广度和深度。

2017年，南非高等教育与培训部、建筑培训署与中国文化和国际教育交流中心共同资助，首次创新实施了赴华"学习＋实训"留学生培训项目（South African Students for Work Integrated Learning in China）。今后，该项目还将拓展为"汉语＋职业技能教育"的新模式，学生将从大一开始在南非职业技术学院学习三年汉语，达到汉语水平考试（HSK）标准后才能参加派往中国留学的选拔。

中国南非教育交流与合作是中国国际教育交流与合作的一个重要方面。以往的国际教育合作主要发生在本科院校，高职院校参与国际教育合作的机会较少。主要以选派学生、教师赴境外学习为主，形式较为单一。随着"一带一路"倡议的提出，越来越多的高职院校加入中南职教合作的队伍，开展不同形式的国际交流合作。包括招收留学生、与境外机构合作办学、赴境外设立办学机构、引入国际职业资格证书等，国际合作交流由过去单一的"走出去"转变为"走出去、引进来"并重。同时，国内高职院校积极探索"校内项目实训、企业轮岗实习"（两实）的国际化人才培养新模式。并利用行业协会、企业等力量，进一步推动中南职教合作，深化产教融合，创新技术技能型人才培养模式，提升留学生的人才培养质量，提高中国职业教育的国际化水平和国际影响力。

三 促进国际化师资队伍的建设

师资队伍建设是职业教育国际化的重要任务。目前，职业院校师资队伍的国际化能力严重不足。多数职业院校教师缺乏国际化双语教学能力、国际化信息处理能力、国际化网络媒体运用能力以及国际化课程开发能力。2016 年，教育部发布《推进共建"一带一路"教育行动》文件，提出构建"一带一路"教育共同体，为职业教育的国际化发展提供了新的机遇。通过建立国际化师资培养基地、开设国际化师资培训项目、加强教师海外进修、引进高层次人才等措施，在国际视野、语言能力、技术技能等方面提升师资队伍的国际化水平，增强国际化办学能力，提升职业教育的国际化水平。

四　提高国际化人才培养质量

随着中南合作交流的深入发展，中国企业不断走出国门，加大对南非的投资，对于具有国际化能力的技术技能型人才的需求也在不断增加。中南教育合作的主要目标在于培养高素质的技术技能型人才，旨在培养具有外语能力、专业技能、跨文化能力的复合型技术技能型人才。近年来，高职院校以中南教育合作为契机，不断提升自身能力建设，深化产教融合校企合作，进一步提升高职教育的内涵和质量。通过国际化课程与专业建设，开发适应南非产业经济发展的项目课程，持续推进职业教育教学改革，使国际化人才培养无论在数量上还是在质量上都得以提升。

五　建立国际合作交流机制平台

中国已与 50 多个非洲国家建立了教育交流与合作关系。随着国际交流合作的不断深入，高职院校不断加强高职教育的境外合作，建立高质量的合作关系，提供交流与合作平台，推动教育合作发展。目前，已经建立了一些高职教育联盟与合作论坛。如以"合作培养人才，助推'一带一路'"为主题的中国—东盟职业教育联展；由陕西职业技术学院等院校共同倡导成立的"一带一路"国际职教联盟；由教育部中外人文交流中心发起成立的中国—南非（现为中非）职业教育合作联盟等。联盟旨在搭建开放性平台，秉持共商、共建、共享理念，推动职教合作，发挥教育在促进人文交流和经济发展、产业升级中的先导性、基础性和广泛性作用。联盟成员单位通过开展人才培养、培训、科研、学术等方面的交流与合作，构建教育政策信息交流通报机制，互鉴先进教育经验，共享优质教育资源，进一步拓展中国职业教育国际合作的广度和深度，进一步提升中国职业教育的国际合作水平和影响力。

与此同时，国内高职院校不断加快"走出去"的步伐，与企业、南非地方政府合作，设立高职院校南非分院，进一步加强国际合作交流机制。如常州信息职业技术学院于 2018 年设立"博众学院"，作为该院的南非分院。通过市场化运作，分院拟建成国内、国外两个基地，既可以在国内基地为南非培养留学生，也可通过国外基地为南非的相关产业培训高素质技术技能型人才，还可为走出去的中国企业培训员工。并加强研究南非及其他非洲国家产业结构及发展，为人才培养、科研合作、创新与成果转化提供方向指引。这些合作交流机制将进一步拓展中国与南非合作的广度和深度，深化职业教育合作和产教融合，为南非技术应用型人才的培养提供中国标准，进一步提升中国高职院校国际合作的水平和影响力。

第三节 中—南教育交流与合作的愿景

2015 年，中南两国教育部门签署了加深扩大教育领域合作的交流框架协议，将技术技能型人才培养作为中南扩大教育合作的一个重要方面。中国与南非的教育合作与交流对中南人文交流、经贸合作及产能合作等都具有积极的促进作用，有助于促进两国的共同发展。

一 南非高等教育的新发展

联合国公布的数据显示，非洲大陆目前的人口数量约为 12 亿，预计到 2050 年将达到 25 亿人左右。不断增长的人口意味着越来越壮大的劳动力大军和更广阔的消费市场。南非作为非洲大陆最发达的经济体，其政局的稳定、社会经济的发展对非洲国家影响重大。对世界而言，南非只是一个中等实力的国家，并且处于现行国际体系的边缘，但它是非洲大陆上的巨人。2002 年非盟成立后，南非当选为首任主席国，其获非洲国家的认可和支持程度可见一斑。作为非洲地区的"领头羊"，2011 年南非成功加入金砖国家组织，在国际社会事务中有着广泛的影响力。实现和平转型后，南非经济持续增长。据《美国中央情报局世界概况》（*CIA World Fact Book*）资料显示，今天的南非已是中等收入国家和新兴市场，拥有丰富的自然资源，发达的金融、法律、通信、能源和运输体系。据 2017 年非洲治理指数报告，南非政府治理居非洲 54 个国家的第 6 位，其中人权参与指标从第 5 位上升到了第 4 位。

高等教育方面，南非位居非洲大陆第一，在金砖国家大学排名中相对领先。据联合国教科文组织报告，南非吸引了非洲大陆大部分留学生，是高等教育学生流动的顺差大国。但仍然面领着一系列的问题，教育质量有待提高。为此，南非政府积极出台相应的政策和措施，推动教育改革，南非高等教育机构也纷纷开始与其他国家的院校开展交流与合作。中国作为南非的全面战略伙伴，在教育合作方面也与南非开展了密切的交流与联系。由于南非自身文化历史的复杂性和特殊性，在提高本土教育质量的同时接轨国际高水平教育，平衡教育国际化和本土化发展是南非高等教育改革面临的重要问题。二十多年来，南非政府在此背景下积极对本土化和国际化做出了多种尝试和努力，以促进两者兼容发展。南非高校传统的教学内容注重传授教学知识，学生缺乏实际应用能力，毕业生在毕业后难以满足全球化市场对人力资源的需求。政府鼓励高校积极与国外高校和科研机构开展合作，改革传统的单一课程，增设跨学科课程。高等教育机构自身也希望促进交流以提高自身的教育水平和国际声誉。

但是，联合国教科文组织统计研究所的最新数据表明，南非籍学生前往世界其他地区求学的数量较少，只有 7395 人。这些学生的留学目的国大多以美国、英国等发达国家为主。自中国提出"一带一路"倡议以来，中国与南非的教育合作更加紧密，中国已成为新的留学热门国家。与以前留学英美发达国家的学生大多会选择移民不同，留学中国的南非学生大多会选择学成后回到南非。这些掌握了高技能的人才的回归，对促进南非社会、经济文化发展具有重要的意义。南非作为非洲比较发达的国家，对其他非洲国家的辐射作用十分巨大，是中非合作的关键。很多中国企业都把南非作为进军非洲的首站，作为中国对非洲贸易和投资的发展基础，通过中南合作促进中国与非洲国家的经贸合作发展，推动中非友谊健康发展。

二　促进教育公平

种族隔离时期，占人口绝大多数的黑人被置于边缘地位。班图斯坦教育政策实施过程中，黑人大学入学考试通过率越来越低，许多年轻黑人受教育的机会被限制在基础教育阶段，从而使其成为简单劳动力，失去了就业竞争力。自1994年种族隔离政策结束以后，南非进入了实质性的改革阶段，其目标是建立民主、多元文化的社会。结束了种族隔离的新南非虽然在经济社会发展方面取得了不小的成绩，但仍面临民族融合不够、社会不公、失业率居高不下等一系列问题。因此，在对南非进行教育交流时，必须结合当地的实际情况。南非发展至今，许多部族依然各自为政，融合不够，缺乏"互信、互敬和互爱"，南非黑人虽然在政治上翻了身，但除少数精英外，大多数黑人在许多领域仍然处于相对边缘的位置，在许多方面还是无法融入。显然，南非社会具有多种族、多语言、多样性文化等特点。要最大限度地保障国家利益、实现复兴发展，必须重视年轻一代的教育。南非国大党（African National Congress，简称ANC）旨在将国家建成一个"真正团结、无种族歧视、民主、繁荣的南非"。要想实现上述目标，教育在其中起着不可忽视的作用。

南非转型后教育体制的主要目标是以民主、平等、补救、透明和参与为基础，用统一的国家体制取代分裂和歧视深刻的教育体制。自1994年以来，南非的教育体系为符合南非新宪法的宗旨而发生了结构性的变革，引入了实现平等和尊重人权和自由的价值体系。南非教育部门更是将教育公平、提高和保障人权融入国家教育规划和政策中。中南职业教育合作不只是简单地教授工作技能以及技术技巧，还涉及语言、文化和价值观的培育。中南教育合作是参与南非教育改革的重要内容之一，也要注重教育公平，革除种族隔离政府遗留的不平衡教育状态，推进教育民主管理，提升教育质量。中南合作交流等各项教育政策的落实与课程改革的推进，一定程度上有助于实现南非新政府教育公平的原则——使全体公民不分种族平等地享有接受教育和培训的权利和义务，建立没有种族和性别歧视的教育体制；保护语言、文化和宗教的多样性，在尊重差异的基础上贯彻多元一体的理念；使隔离或分离发展走向融合统一发展，推动南非国家的经济发展和社会稳定，同时对促进非洲国家发展，实现非洲民族复兴具有现实参考意义。

三 关注教育质量，提升人力资源水平

罗毅在《南非教育的改革与发展》① 一文中指出，南非新政府把提高全民教育水平作为基本政策，促进建立统一、公平、高质量的国家教育体制，使所有南非国民能够平等地接受教育。南非教育旨在培养有质量的劳动者，着重关注学习者在知识、技能、情感、态度和价值观方面取得的成就。这与中南职业教育合作的目标和方向是一致的。没有质量的教育犹如无源之水，难以持久，且与教育可持续发展理念不相容。进入 21 世纪以来，南

---

① 罗毅：《南非教育的改革与发展》，《西非亚洲》2007 年第 9 期。

非响应联合国教科文组织的号召积极推进教育改革。随着 2030 年可持续发展教育目标的明晰和规划的出台，南非教育改革的目标从教育覆盖面的扩大转向提升教育质量，从而使更多青年获得教育机会，提高学业成绩和提升未来职业发展竞争力。

南非新版教育行动规划《2019 行动规划》也在政策设计上针对发展中国家办教育的现实困难，将教育愿景融入国家"2030 愿景"与中期发展战略框架，制定切实可行的教育行动规划以保障教育优先发展，努力推动教育由量变到质变的飞跃。从出台《2019 行动规划》的动因来看，南非的教育规划旨在契合发展目标、提高教育质量和落实愿景倡议。近年来，中国和南非两国教育部门高层互访和友好交流频繁，不断拓展新的合作方式与领域，推动和加强教育交流合作。在双方共同努力与真诚合作下，两国在职业技术教育领域方面的合作内容日益丰富，合作方式不断拓展，质量水平逐步提高。尤其是高质量的中南职业教育合作为中非教育合作交流探索出了一条新的途径，有效地提高了中非教育合作水平，提升了非洲人力资源水平，是中非教育合作的样板。为中非教育合作发展提供了更为广阔的视野，对中非教育友好合作以及中非传统友谊具有积极的促进作用。

四　建立中南人文交流机制

《中国—南非人文交流发展报告（2016～2017）》主编在序言中指出："政治、经济、文化是支撑当今中非合作关系的三大支柱。这三者之间必须形成鼎立之势，相互支撑，中非合作关系才会有牢固的基础，才可能获得可持续发展。在某种意义上说，对于中非关系的长远发展而言，文化合作或人文方面的交流，因其惠及民间，扎根人心，可能更具有基础性、长远性的地位与作用。"① 人文合作将是中非合作重大格局中的重要增长点，努力推进中非人文交流，努力促进中非思想对话和知识共享，将为两国人民之间的友谊和两国的关系奠定更好的基础。同时，对于夯实中南友好的社会民意基础、深化中南全面战略伙伴关系、拓展中非人文交流合作具有重要意义。

中南两国在人文交流合作方面进行了积极努力的探索实践。2017 年，中南高级别人文交流机制首次会议启动。这是中国同非洲国家建立的首个此类机制，涵盖了在教育、文化、科技、卫生、青年、妇女、媒体、智库、旅游、体育、民间友好等诸多领域的合作。与此同时，中国教育部分别在浙江师范大学和云南大学成立中国南非人文交流研究中心，为中南人文交流机制提供思想支撑和智力支持。并通过培养高水平非洲问题研究专家及中非人文交流复合型人才、加大招收非洲留学生力度、援建非洲学校等措施，在教育层面加强中南人文交流与研究。人文交流既是高等院校人才培养、科学研究、社会服务、文化传承创新、国际交流等基本职能的延伸和功能内涵的拓展，也是促进中国和世界各国和平友好的重要学术支撑，有助于拓展中国高校与国外高等教育和学术文化领域友好交流的广度和深度。

五 促进中南经济合作

经过二十多年发展，中南关系已实现了从伙伴关系、战略伙

---

① 刘鸿武等主编《中国—南非人文交流发展报告（2016～2017）》，浙江人民出版社，2018。

伴关系到全面战略伙伴关系三级跳。通过构筑中非合作论坛、金砖国家合作、"一带一路"和"南南合作"四大合作平台，中国与南非开展了全面的交流与合作。中国已连续十年成为南非最大的贸易伙伴，南非连续九年成为中国在非洲第一大贸易伙伴。中南两国早已成为命运共同体。

2018 年，中南贸易额达 435.5 亿美元，较建交伊始增长了 27 倍。中国企业在南非直接投资超过 250 亿美元，比建交时增长了百余倍，为当地创造了 40 多万个就业岗位。与此同时，这些企业却面临着岗位人才紧缺的难题。近年来，我国一大批高端制造、通信电子、电线电缆、纺织服装等产业的企业在南非投资，帮助南非进行各项发展建设。这些"走出去"企业也急需解决高技能人才严重缺乏的难题。据统计，目前南非有将近 83 万个高技能岗位无人可以胜任。目前南非 25 岁以下的人口占到了 55% 左右。可见，南非劳动力的短缺并不是适龄人口的短缺，而是缺少有岗位工作技能的劳动力。因此，培养能适应岗位要求的高技能人才，成为南非高等教育改革的重要任务。1997 年，《南非高等教育法》（*South African Higher Education Act*）明确提出，所有高等教育课程必须服务于国家的发展和培养参与经济全球化所需的技能人才。

中南职业教育合作充分注重适应南非高等教育的发展水平，紧密结合南非社会发展的需要，采用"产教融合"的发展模式，致力于提高南非高等院校的教学与科研水平。既充分发挥了中国高等职业教育的专业特长和学科优势，又充分考虑了南非的教育、科技水平以及实际需要。积极探索教育面向市场需求的新路，使教育更多地着眼于经济社会发展和人民生活水平的提高。

　　江苏省依托厚实的教育资源优势，在"走出去"和"引进来"双向发力，密切结合南非各地方的人力资源市场与技术人才需求，深入推进"留学江苏行动计划"，发挥职业教育在教育、文化、企业、人才交流中的融通作用，不断创新合作交流机制和职业教育合作平台，积极参与职业资格国际认证标准制定，建立起互联互通的协同创新体系，为中非企业发展培养出了大批国际化技术技能型人才，在全国起到了示范引领作用。2017年，南非高等教育与培训部与国内高职院校首次合作开展留学生职业培训项目。南非高等教育与培训部选派200名本科毕业生和部分在读学生，来中国进行为期一年的学习。培训采用"学习＋实习"的形式，分两阶段进行。第一阶段，进行专业知识和专业核心能力培训，主要以真实的实训项目教学为主；第二阶段，在企业实习，进行真实岗位培训，切实提升留学生的专业实践能力、专业核心能力和职业能力。至2019年，南非共计派出2000名学生来中国参与这项留学培训项目，为共建"一带一路"培养南非的国际化工匠，这些来中国留学的职业技术技能型的学生学成归国后成为"南非制造"的基础人才。

　　中南职业教育合作交流为两国文化、教育、经济领域的合作搭建了一座桥梁。帮助南非解决技术技能型人才严重短缺的问题，为南非培养国际化工匠，同时，帮助有实力的中国职业院校和企业到南非开展职业教育，实施援助南非职业培训学院升级改造项目，为驻南非的中资企业和南非本土企业提供就业人才。

六　促进产能合作

　　作为非洲大陆工业化水平最高且高等教育体系最发达的国

家，南非部分高校的教育水平，在 20 世纪六七十年代就达到了国际水准，尤其在健康科学、信息技术、工程、会计、林木、生物技术等专业学科具有一定优势。相比于欧洲和北美高校高昂的教育成本，南非高校受到了许多非洲国家学生的青睐。南部非洲发展共同体成员国的学生在近年来一直是南非国际学生的主力军，在国际学生的总额中连年保持 70% 以上的比重。

南非学者保罗·普林斯卢（Paul Prinsloo）认为，高等教育课程是解决发展中国家技能短缺问题的工具，也能够通过宣扬非洲本土知识体系、价值观和文化来实现对殖民和欧洲中心经典知识体系的反叙事。随着经济全球化和信息技术飞速发展，中国和南非作为发展中国家和重要的新兴经济体，都面临着传统产业优化升级和提高供给体系质量的要求和挑战。因此，无论是实施"中国制造 2025"，还是南非实现《2063 年议程》中描绘的非洲梦，都对一线的技术技能型人才提出了更为迫切的要求。联合国大会也在 2015 年的《2030 年可持续发展目标议程》（*2030 Agenda for Sustainable Development Goals*，SDGs）中提出："到 2030 年，大幅增加具有相关技能（包括就业、体面的工作和创业所需的技术和职业技能）的青年人的数量。"青年一代的发展对非洲未来的发展有着举足轻重的作用。通过中南职业教育合作，可以帮助南非青年学生学习职业技能，适应工作岗位要求，发挥职业教育在促进国际人文交流和经济发展、产业升级中的桥梁作用。并通过南非对非洲其他国家的辐射和影响，促进非洲的民生发展，实现非洲国家的统合发展。

南非是"一带一路"产能合作的重点国家之一。2016 年 11 月，中南国家双边委员会第六次会议期间，国家发改委与南非贸工部签署了《关于开展产能合作的框架协议》，建立了两国产能合作工作机制。鼓励采用多种投融资合作模式，推动双方企业在基础设施、矿业、机车、汽车、家电、光纤、建材等领域，以及在数字经济、科技创新等方面的合作。在"一带一路"建设引领下，中国企业加快"走出去"步伐，对南非的投资以及与南非的产能合作显著增长，在提升自身产业竞争力的同时，促进了南非的经济发展和民生改善，实现互利共赢，促进共同发展。南非是人口大国，适龄的经济活动人口规模巨大，为中南两国产能合作提供了丰富的劳动力资源。但与此同时，南非的失业、无业人口较多，失业率超过20%，人口红利尚有待进一步开发利用。需要通过教育手段提升他们的各种技能，进一步提升就业能力。从而才能不断扩大产能合作的范围和领域，拓展现有合作领域的合作深度。因此，教育合作在中南产能合作方面发挥着重要的作用。如果没有教育合作，中南产能合作将很难实现快速良好的发展。

结　语

　　经过二十多年的变革和发展，南非的高等教育与职业技术教育取得了令世人瞩目的巨大发展。南非拥有多所具备世界一流水平的大学，在很多学科领域位于世界前列，且逐渐形成了综合性大学与科技大学并举、公立大学与私立大学齐头并进的发展态势。在职业技术教育和继续教育方面，在历次的院系改造和调整中，南非勇于探索，找到了以职业技术教育培训学院、社区学院和科技大学为基础的，以国家资格认证框架为保障的独特的发展路径。

　　但是，也必须清醒地认识到南非的高等教育和职业教育仍然面临诸多挑战。历史遗留问题尚未得到彻底解决，种族歧视、性别歧视和经济收入差异等因素导致弱势群体根本无法真正融入南非的教育体制，资金短缺和管理不善使教育机构出现了较为严重的人才流失和师资不足的情况。教育机构在资金保证和师资水平上的参差不齐，在一定程度上加剧了人才培养在数量与质量上的不足。从每年南非高等教育与培训部发行的"白皮书""绿皮书"中，我们能够发现教育的不平等及其对策。近年来，南非当局出台了一系列相关的政策和法规，从《南非共和国宪法》

《南非高等教育法》《重建与发展计划》《教育与培训政策框架》《国家高等教育委员会报告：变革框架》《学后教育和培训白皮书》《国家高等教育规划》《变革与重建——高等教育机构新框架》《教育白皮书：高等教育变革计划》《高等教育入学计划》《南非学校法》《公立高等教育拨款政策：新拨款框架》《高等教育修正法案》中，我们可以发现南非的高等教育与职业教育正在进行改革，教育公平与教育福利化的原则得到了进一步的落实。从"白皮书""绿皮书"中，我们看到了一些更加具体的准则和发展目标，尤其是职业教育改革的包容性和公平性。政出多门的管理乱象已经有所改变。改革的内容和范围涉及职业技术教育培训学院、社区学院、职业与继续教育培训研究院以及大学系统内的职业与继续教育。从近年来南非高等教育与职业教育的实际发展情况来看，这些举措确实取得了举世瞩目的效果。统一协作的高等教育系统正在形成，高等教育不断趋向公平、公正，高等教育与职业教育办学体制不断趋于多元，教育管理也更加趋于民主。

自中国政府提出"一带一路"倡议以来，南非政府给予了积极的响应并在此框架下开展了深入的合作。作为金砖五国的成员之一，南非是共建"一带一路"的重要合作伙伴，在高等教育和职业教育领域与中国合作的潜力很大。"一带一路"倡议强调共商、共建、共享原则，这给21世纪的国际合作带来新的理念，相信中国与南非的教育合作也一定能够更上层楼，取得举世瞩目的成就。

近年来，中国与南非两国在教育合作领域已取得了一系列阶段性的成果。两国充分发挥各自的优势，在原有基础之上夯实了合作机制，拓宽了合作领域，在一定程度上构建了"南南合作"的范式。如果说，发展中国家近三四十年的发展在很大程度上得益于"人口红利"所带来的强劲动力，那么，包括中国和南非在内的发展中国家，今后几十年的发展有可能要依靠"工程师红利"和"技术工人红利"所带来的有力支撑。在这一过程中，职业与技术教育必然会站在历史的显要位置，职业与技术教育的国际合作就必须成为今后教育国际化、对外合作办学的重中之重。目前，中国与国外职业与技术教育的合作仍处在起步阶段，有很多新的问题还需要不断探索和思考。发展中国家之间职业与技术教育合作没有范例和先例可循，自然会遇到这样或那样的困难，我们不得不再次"摸着石头过河"。实践出真知，毛泽东主席曾经说过，正确思想"是从天上掉下来的吗？……不是。人的正确思想，只能从社会实践中来"①。只有实际的合作行动才能引来高效且可持续的合作机制，在这一点上，中国高校已经迈出了坚实的步伐并积累了一定的成功经验。因此，我们有理由相信，中国与南非职业与技术教育合作是一条光明的、充满无限可能的康庄大道。

---

① 《毛泽东文集》第 8 卷，人民出版社，1999，第 320 页。

参考文献

[1] H. Strydom, J. F. Strydom, "Establishing Quality Assurance in the South African Context, *Quality in Higher Education*," 10 (2004): 38 – 49.

[2] Ben Parker, Shirley Walters, "*Competency Based Training and National Qualifications Frameworks: Insights from South Africa*," *Asia Pacific Education Review* 9 (2008): 70 – 79.

[3] Braun, Lindsay Frederick, "Robert Ross, A Concise History of South Africa. Cambridge Concise Histories," *Itinerario-European Journal of Overseas History* 25.1 (2001): 182 – 187.

[4] E. McLellan, "Internationalization as a national policy issue in South African higher education: A look at the policy context and a way forward," In R. Kishun Ed. *The internationalization of higher education in South Africa*. (Durban, South Africa: IEASA, 2006) pp. 179 – 190.

[5] Sehoole, "Internationalization of higher education in South Africa: A historical review," *Perspectives in Education* 24 (2006):

1 – 13.

[6] Wolhuter, "South Africa: worldwide educational reform programme telescoped into an instant time space," In Wolhuter, C. C. and H. D. Herman eds. *Educational Reform in Southern Africa: Prospects for the new millennium*, (South Africa: Potchefstroom University Press, 2010).

[7] Cloete Nico et al, *Transformation in higher education: global pressures and local realities in South Africa* (The Netherlands: Springer, 2007).

[8] Cloete Nico, Transformation in higher education: global pressures and local realities, (PH. D., Diss. Springer Netherlands, 2008).

[9] Commission of Enquiry into Higher Education andTraining, *Report of the Commission of Enquiry into Higher Education and Training to the President of the Republic of South Africa*, (South Africa: Government Printers, 2017).

[10] Malaza, "Internationalization of South African higher education", HESA, Retrieved September 18, 2013, fromhttp: //www. hesa. org. za/sites/hesa. org. za/files/2011% 20HESA% 20 – % 20CEO% 20IAU% 20Address% 205% 20 – % 2012% 20April% 202011. pdf.

[11] Ian Bunting, *A legacy of inequality: higher education in South Africa, Contemporay policy issues*, (South Africa: University of Cape Town Press, 1996).

[12] Institute of Estate Agents of South Africa, *The guide to South*

African higher education, （Durban, South Africa: IEASA, 2006）.

［13］ J. Adams C. King et al, *Global research report: Africa*, （England: Thomson Reuters, 2010）.

［14］ Jansen Jonathan, "Mergers in South African higher education: theorising change in transitional contexts", *Politikon* 30 （2003）: 27 –50.

［15］ K. Ramdass, *The challenges facing Higher Education*, （South Africa: University of Johannesburg Press, 2006）.

［16］ Luescher, et al, "The Transformation of Higher Education in South Africa: How Much Have We Achieved? Perceptions of Policy Developments 1997 –2003 and Outlook for the Next Five Years," （paper represented at 5th Council on Higher Education Consultative Conference 12 November 2003）.

［17］ M. S. Badat, "Transforming South African Higher Education, 1990 ~2003: Goals, Policy Initiatives and Critical Challenges and Issues," （Paper represented at 5th Council on Higher Education Consultative Conference 12 November 2003）.

［18］ M. Cosser, A. Kraak et al, "Further Education and Training （FET） Colleges at a Glance in 2010", *FET Colleges Audit* 34 （2010）.

［19］ M. Cross E. Mhlanga et al, " Emerging concept of internationalization in South African higher education: Conversations on local and global" （Exposure at the University of the Witwatersrand）, *Journal of Studies in International*

Education 15 （2011）: 75 – 92.

［20］ M. Walpole, "Economically and educationally challenged students in higher education: Access to outcomes," *ASHE Higher Education Report* 33 （2007）: 70 – 89.

［21］ McGratha, S. Akoojee, "Education and skills for development in South Africa: Reflections on the accelerated and shared growth initiative for South Africa," *International Journal of Educational Development* 55 （2007）: 31 – 38.

［22］ P. Prinsloo, "Some Reflections on the Africanisation of Higher Education Curricula: A South African Case Study," *Africanus* 1 （2010）: 19 – 31.

［23］ P. T. Zeleza, "Internationalization in higher education: Opportunities and challenges for the knowledge project in the global south", In P. Kotecha Ed. , *Internationalization in higher education perspectives from the global south*, Southern African Regional Universities Association, 4 （2015）: 4 – 18.

［24］ R. Kishun, "The internationalization of higher education in South Africa: Progress and challenges," *Journal of Studies in International Education* 11 （2007）: 455 – 469.

［25］ S. A. David, "Learning mobility between Europe and India: A new face of international cooperation," *Exedra* 3 （2010）: 85 – 96.

［26］ S. Mabizela, "The evolution of private provision of higher education in South Africa," Perspectives in Education 20 （2002）: 41 – 53.

［27］ S. Pather, "Crisis in teacher education in South Africa: the need to interrogate first-year student profile characteristics," (Paper represented at Students Transitions Achievements Retention & Success) Conference., Crown Conference Centre, Southbank, Australia, 1 – 4 July 2015).

［28］ S. Rouhani R. Kishun, "Introduction: Internationalization of Higher Education in (South) Africa," *Journal of Studies in International Education*, 3 (2004): 235 – 243.

［29］ South African Institute for Distance Education (SAIDE), and Council on Higher Education (South Africa), *Enhancing the contribution of distance higher education in South Africa: report of an investigation led by the South African Institute for Distance Education*, (South Africa: Council on Higher Education, 2004).

［30］ South African Institute for Distance Education (SAIDE), and Council on Higher Education (South Africa), *Advice to the Minister of Education on Aspects of Distance Education Provision in South African Higher Education*, (South Africa: Council on Higher Education, 2004).

［31］ T. Moja, "Challenges in the internationalization of higher education in South Africa?," In R. Kishun Ed., *The internationalization of higher education in South Africa* (Durban, South Africa: IEASA, 2006) pp. 81 – 88.

［32］ Thandiwe Ngengebule, *An Overview and Analysis of Policy for Distance Education in South African Higher Education: Roles*

Identified for Distance Education and Developments in the Arena from 1948, (South Africa: Council on Higher Education, 2003).

[33] Thandiwe Ngengebule, *Policy framework for administration and management of student admissions in technical and vocational education and training colleges*, (South Africa: Council on Higher Education, 2010).

[34] The Council on Higher Education, South African higher education in the first decade of democracy, (South Africa: Government Printers, 2004).

[35] The Department of Higher Education & Training, *Delivery Agreement* 5: *A skilled and capableworkforce to support an inclusive growth path*, (South Africa: Government Printers, 2010).

[36] The Department of Higher Education & Training, *Green Paper for Post-School Education and Training in South Africa*, (South Africa: Government Printers, 2015).

[37] The Department of Higher Education & Training, *Report on the Stakeholder Summit on Higher Education Transformation*, (South Africa: Government Printers, 2010).

[38] The Department of Higher Education & Training, *White Paper for Post-school Education and Training*, *Building an Expanded*, *Effective and Integrated Post-school System*, (South Africa: Government Printers, 2015).

[39] The Department of Higher Education & Training, 2008

National Qualification Framework ACT, （South Africa： Government Printers，2018）.

[40] The Department of Higher Education &Training, *Education Series Volume III*, *Educational Enrolment and Achievement 2016—Statistics South Africa Report* 92 – 01 – 03, （South Africa： Government Printers，2016）.

[41] The Department of Higher Education &Training, *Education White Paper3： A Programme for the Transformation of Higher Education*, （South Africa： Government Printers，1997）.

[42] The Department of Higher Education &Training, *Green paper for post-school education and training*, （South Africa： Government Printers，2012）.

[43] The Department of Higher Education &Training, *Rules and Guidelines for the Administration and Management of the Department of Higher Education and Training Technical and Vocational Education and Training College Bursary Scheme for 2017*, （South Africa： Government Printers，2018）.

[44] The Department of Higher Education &Training, *Statistics on Post-School Education and Training in South Africa*, （South Africa： Government Printers，2018）.

[45] The Department of Higher Education &Training, *Statistics on post-school education and training in South Africa*, （South Africa： Government Printers，2013）.

[46] The Department of Higher Education &Training, *White Paper for Post-school Education and Training*, *Building an Expanded*,

Effective and Integrated Post-school System，（South Africa：Government Printers，2015）.

［47］The Department of Higher Education &Training，*White Paper for Post-School Education and Training：Building on Expanded，Effective and Integrated Post-School Education*，（South Africa：Government Printers，2014）.

［48］The Department of Higher Education & Training，*White Paper for post school education and training*，（South Africa：Government Printers，2014）.

［49］The Department of Higher Education &Training，*White Paper for Post-school Education and Training Building an Expanded，Effective and Integrated Post-school System*，（South Africa：Government Printers，2015）.

［50］The Department of Higher Education &Training，*White Paper for Post-school Education and Training Building an Expanded，Effective and Integrated Post-school System*，（South Africa：Government Printers，2015）.

［51］陈沁、刘成富：《非洲传统文化在农村社会转型中的地位和作用》，《非洲农业与农村发展》，南京大学出版社，2014。

［52］〔法〕富威尔－艾玛尔：《金犀牛：中世纪非洲史》，刘成富、梁潇月、陈茗钰译，中国社会科学出版社，2019。

［53］胡笑玲：《南非技术学院与应用技术型人才培养体系》，《世界教育信息》2015 年第 24 期。

［54］荆婷、周明星：《中国职业教育国际化：意蕴、困境与路

径》，《职教论坛》2017 年第 28 期。

[55] 刘成富：《非洲概况与中非关系》，南京大学出版社，2016。

[56] 刘成富、姜忠尽：《南非纪行》，《南京大学报》2010 年 12 月 20 日。

[57] 刘成富、姜忠尽：《南非矿业的社会经济效应（1）》，《国际经贸消息》1995 年 12 月 21 日。

[58] 刘成富、姜忠尽：《南非矿业的社会经济效应（2）》，《国际经贸消息》1995 年 12 月 28 日。

[59] 刘成富：《南非城市边缘棚屋区透视》，张同铸主编《迈向 21 世纪的非洲》，中国非洲问题研究会，1995 年 12 月。

[60] 刘成富：《试论中非合作中中法战略伙伴关系的意义》，张振克主编《非洲发展研究》，江苏人民出版社，2017。

[61] 刘成富、姜忠尽：《推动工业化进程的动力：记南非最大的支柱产业——制造业》，《国际经贸消息》1996 年 4 月 18 日。

[62] 刘成富：《文化身份与现当代法国文学》，南京大学出版社，2017。

[63] 刘成富：《一带一路视阈下的非洲历史文化再认识》，《西北工业大学学报》2018 年第 3 期。

[64] 刘成富：《中、非、法三方合作模式的探索与思考》，《学术前沿》2014 年第 7 期（下）。

[65] 刘成富：《走进南非传统文化》，张红生主编《第三届"走非洲，求发展"论坛论文集》，南京大学出版社，2013。

[66] 林松添：《共同开创中南友好新时代》，《人民日报》2018

年 7 月 26 日 。

［67］刘秉栋、楼世洲：《在撕裂中聚合：新南非国家认同教育研究》，《浙江师范大学学报》（社会科学版）2020 年第 2 期。

［68］刘曙光：《金砖国家产能合作的宏观经济基础和互补优势探析》，《理论学刊》2017 年第 6 期。

［69］罗毅：《南非教育的改革与发展》，《西亚非洲》2007 年第 9 期。

［70］梁砾文、王雪梅：《民族融合视域下的南非语言教育政策研究——以〈学后教育白皮书〉为例》，《民族教育研究》2018 年第 4 期。

［71］马丽杰：《非洲地区孔子学院与职业教育结合的探索与实践》，《职业技术教育》2016 年第 35 期。

［72］毛健：《发展职业技术教育培养技能型人才——南非的经验和启示》，《现代教育科学》2005 年第 1 期。

［73］汪琳、刘成富：《非洲孔子学院的挑战与机遇》，张红生主编《第二届"走非洲，求发展"非洲论坛论文集》，南京大学出版社，2011。

［74］徐梦瑶、刘成富：《浅谈非洲传统文化在现代化进程中的作用》，张红生主编《首届"走非洲，求发展"论坛论文集》，四川人民出版社，2008。

［75］张菊霞、张振、任君庆：《南非国家职业资格的产生、内容与启示》，《职教论坛》2016 年第 7 期。

图书在版编目（CIP）数据

南非职业教育与教育体制研究／刘成富，周海英主
编. －－北京：社会科学文献出版社，2021.5
ISBN 978 - 7 - 5201 - 8387 - 1

Ⅰ.①南… Ⅱ.①刘… ②周… Ⅲ.①职业教育－研
究－南非 Ⅳ.①G719.47

中国版本图书馆 CIP 数据核字（2021）第 085061 号

南非职业教育与教育体制研究

主　　编／刘成富　周海英

出 版 人／王利民
责任编辑／祝得彬　张苏琴

出　　　版／社会科学文献出版社·当代世界出版分社（010）59367004
地址：北京市北三环中路甲29号院华龙大厦　邮编：100029
网址：www. ssap. com. cn
发　　　行／市场营销中心（010）59367081　59367083
印　　　装／三河市尚艺印装有限公司

规　　　格／开　本：787mm×1092mm　1/16
印　张：11.25　字　数：129千字
版　　　次／2021年5月第1版　2021年5月第1次印刷
书　　　号／ISBN 978 - 7 - 5201 - 8387 - 1
定　　　价／58.00元